国家示范性高等职业院校优质核心课程改革教材

Qiche Jiandan Guzhang Zhenduan yu Paichu

汽车简单故障诊断与排除

主　编　秦兴顺
副主编　刘晓东
主　审　周林福

人民交通出版社

内 容 提 要

本教材为四川交通职业技术学院国家示范建设汽车运用技术重点专业建设教学研究与改革成果之一，基于汽车维修生产过程，以汽车简单故障诊断与排除工作任务为载体，结合学院实践教学条件编写而成。全书共有15个学习任务，包括汽车减振器故障的诊断与排除，汽车充电指示灯常亮故障的诊断与排除，汽车前照灯不亮故障的诊断与排除，电动车窗不能工作故障的诊断与排除，发动机水温过高故障的诊断与排除，汽车离合器分离不彻底故障的诊断与排除，手动变速器挂挡困难故障的诊断和排除，汽车转向沉重故障的诊断与排除，汽车制动失灵故障的诊断与排除，汽车轮胎异常磨损故障的诊断与排除，汽车防盗系统失效故障的诊断与排除，发动机机油压力过低故障的诊断与排除，发动机警告灯常亮故障的诊断与排除，发动机不能启动故障的诊断与排除，汽车整车简单运行故障的诊断与排除。

本教材可供高职汽车运用技术专业学生使用，也可供相关岗位培训参考。

图书在版编目(CIP)数据

汽车简单故障诊断与排除/秦兴顺主编. —北京：人民交通出版社，2010.3

ISBN 978-7-114-08282-5

Ⅰ.①汽… Ⅱ.①秦… Ⅲ.①汽车－故障诊断－高等学校：技术学校－教材②汽车－车辆修理－高等学校：技术学校－教材 Ⅳ.①U472.4

中国版本图书馆CIP数据核字(2010)第043016号

国家示范性高等职业院校优质核心课程改革教材

书　　名：**汽车简单故障诊断与排除**
著 作 者：秦兴顺
责任编辑：贾秀珍
出版发行：人民交通出版社
地　　址：(100011) 北京市朝阳区安定门外外馆斜街3号
网　　址：http://www.ccpress.com.cn
销售电话：(010) 59757973
总 经 销：人民交通出版社发行部
经　　销：各地新华书店
印　　刷：北京鑫正大印刷有限公司
开　　本：787×1092　1/16
印　　张：12.25
字　　数：266千
版　　次：2010年3月　第1版
印　　次：2014年8月　第3次印刷
书　　号：ISBN 978-7-114-08282-5
定　　价：32.00元

四川交通职业技术学院
优质核心课程改革教材编审委员会

序 Xu

为贯彻教育部、财政部《关于实施国家示范性高等职业院校建设计划,加快高等职业教育改革与发展的意见》(教高【2006】14号)和《关于全面提高高等职业教育教学质量的若干意见》(教高【2006】16号)精神,作为国家示范性高等职业院校建设单位,我院从2007年开始组织探索如何设计开发既能体现职业教育类型特点,又能满足高等教育层次需求的专业课程体系和教学方法。三年来,我们先后邀请了多名国内外职业教育专家,组织进行了现代职业技术教育理论系统学习和职业技术教育课程开发方法系统的培训;在课程开发专家团队指导下,按照"行业分析,典型工作任务,行动领域,学习领域"的开发思路,以职业分析为依据,以培养职业行动能力为核心,对传统的学科式专业课程进行解构和重构,形成了以学习领域课程结构为特征的专业核心课程体系;与企业专业技术人员共同组成课程开发团队,按照企业全程参与的建设模式、基于工作过程系统化的建设思路,完成了10个重点建设专业(4个为中央财政支持的重点建设专业)核心课程的学材、电子资源、试题库、网络课程和生产问题资源库等内容的建设和完善,在课程建设方面取得了丰厚的成果。

对示范院校建设工程而言,重点专业建设是龙头;在专业建设项目中,课程建设是关键。职业教育的课程改革是一项长期艰苦的工作,它不是片面的课程内容的解构和重构,必须以人才培养模式创新为核心,实训条件的改善、实训项目的开发、教学方法的变革、双师结构教师团队的建设等一系列条件为支撑。三年来,我们以课程改革为抓手,力图实现全面的建设和提升;在推动课程改革中秉承"片面地借鉴,不如全面地学习",全面地学习和借鉴,认真地研究和实践;始终追求如何在课程建设方面做出中国特色,做出四川特色,做出交通特色。

历经1 000多个日日夜夜的辛劳,面对包含了我们教师团队心血,即将破茧的课程建设成果的陆续出版,感到几分欣慰;面对国际日益激烈的经济的竞争,面对我国交通现代化建设的巨大需求,感到肩上的压力倍增。路漫漫其修远兮,吾将上下而求索!希望更多的人来加入我们这个团结、奋进、开拓、进取的团队,取得更多更好的成果。

在这些教材的编写过程中,相关企业的专家给予了很多的支持与帮助,在此谨表示衷心的感谢!

四川交通职业技术学院院长

前　言　Qian Yan

2009年，中国汽车产销量已超过1300万辆，成为世界第一汽车大国，中国汽车工业进入了一个新的发展阶段。汽车工业的迅猛发展带动了汽车后市场相关产业链的发展，给汽车相关专业毕业生提供了广阔的就业空间和良好的发展前景。四川交通职业技术学院汽车运用技术专业创办于1952年，2002年被确定为国家高职高专精品建设专业，2007年被教育部、财政部批准立项为中央财政支持的国家示范高职重点建设专业。为全面贯彻《关于全面提高高等职业教育教学质量的若干意见》（教高[2006]16号）提出的“加强素质教育，强化职业道德，明确培养目标；加大课程建设与改革的力度，增强学生的职业能力”精神，在系统总结汽车运用技术专业50余年的专业建设和教学改革经验的基础上，四川交通职业技术学院以工学结合一体化的课程开发理念和方法为指导，充分利用学院与丰田、宝马、通用、东风雪铁龙和东风标致等五个汽车制造厂商的项目合作资源，依托成都三和汽车、四川申蓉汽车、港宏汽车等区域内集团化汽车维修企业，基于汽车维修生产过程，开发出了具有“校店融合、行业融通、名企融入”特色的学习领域课程，结合学院实践教学条件的实际情况，编写了汽车运用技术专业系列教材。

本系列教材在组织编写过程中，注意吸收发达国家先进的职教理念和方法，认真总结和践行工学结合一体化课程的开发路线，形成了以下特色。

1. 基于整体化的职业资格研究，注重学生综合职业能力培养

汽车运用技术专业的课程不是以本科的知识为纲进行简化，也不是从岗位出发，而是基于整体化的职业资格研究方法——实践专家访谈会总结出的典型工作任务进行设置。典型工作任务描述了一个职业的具体工作领域，是工作过程结构完整（明确任务、制订计划、实施计划和评估反馈等）的综合性学习任务，反映了该职业典型的工作内容和工作方式❶。因此，本系列教材体现了“学习的内容是工作，通过工作实现学习”的工学结合课程特色，实现了学习与工作的一体化，能让学生亲身经历结构完整的工作过程，通过在真实工作情境中的实践学习，帮助学生形成自己对工作的认识和经验，从而培养学生的综合能力，而不仅仅是技能。

2. 任务驱动，学生主体，教师主导，倡导行动导向的引导式教学方法

将每个典型工作任务从教学的角度划分为若干个具体理论与实践一体化的学习任务，按照工作过程组织学习过程。每个学习任务均将知识学习与技能操作有机地渗透在一起，每一个任务，既是学习任务，又是工作任务，包含工作要求、工作对象、工具、方法与劳动组织方式等方面的要素。本系列教材注重对学习目标和引导问题的设计，体现以学生为主体的思想，强化学生的地位，给学生留下充分思考、实践与合作交流的时间和空间，让学生亲身经历观察→操作→交流→反思的活动过程。

---

❶赵志群著《职业教育工学结合一体化课程开发指南》。

3. 以学习目标为主线,采用全新的结构编排模式

本系列教材打破了传统教材的章节体例,以工作情境描述(学习任务)入手,明确学习目标、勾勒学习脉络。在学习过程中,以学习目标为主线,按照"计划→资讯→决策→实施→评估→反馈"这样一个完整的行动模式设计引导问题,以引导问题将知识、技能以及素质要求等方面的内容有机地结合起来。

《汽车简单故障诊断与排除》是本系列教材中的一本,全书共有15个学习任务。学习任务以汽车维修企业具有代表性的工作任务为载体,以故障产生的部位为切入点,结合职业能力成长规律,按照从简单到复杂、从独立任务到综合化任务的思路分层次设计。另一方面,为突出对学生分析问题和解决问题能力的培养,在方案制订与优选阶段,任务1~任务4由教师给定方案,学生学会阅读分析方案;任务5~任务8由学生在教师给定的3个方案中选择一个最优方案,学生学会方案的优化方法;任务9~任务15由学生根据工作情境制订实施方案。在教材的内容形式表现上,给定的相关信息从任务1~任务15逐渐减少,体现学生的学习能力逐渐增强。

参加本书编写工作的有:四川交通职业技术学院秦兴顺(编写学习任务1、2和15)、陈清(编写学习任务8、9)、吴建康(编写学习任务3、4、10)、谢振(编写学习任务6、7、11)、李臻(编写学习任务5、12、13、14)。全书由四川交通职业技术学院秦兴顺担任主编,四川申蓉汽车股份有限公司刘晓东担任副主编,四川交通职业技术学院周林福担任主审。

限于编者经历和水平,教材内容难以覆盖全国各地的实际情况,希望各教学单位在积极选用和推广本系列教材的同时,注重总结经验,及时提出修改意见和建议,以便再版修订时改正。

编者

2010年2月

目　录　*Mu Lu*

学习任务1　汽车减振器故障的诊断与排除

工作情境描述

一辆东风标致307轿车，行驶里程65482km，车辆行驶过程中车主听见车辆右前部有“哐哐”的响声，特别是在通过坑洼路面时响声更明显。车主已将车开到4S店，请你排除本车的减振器故障。

学习目标

通过本学习任务的学习，你应当能：

1. 叙述汽车技术状况变化的原因、影响因素，描述汽车技术状况变化的规律，解释汽车故障，叙述其分类，描述汽车故障的诊断方法及基本流程，叙述汽车主要零部件的耗损形式和修复方法；
2. 描述东风标致307轿车悬架系统的结构特点；
3. 分析减振器故障产生的原因，能读懂给定的检查方案，对减振器失效进行判断；
4. 根据维修手册，正确选用工具和设备，在90min内，安全规范地进行东风标致307前减振器的更换，操作过程中严格执行5S；
5. 向客户解释故障诊断及处理结果。

学习脉络

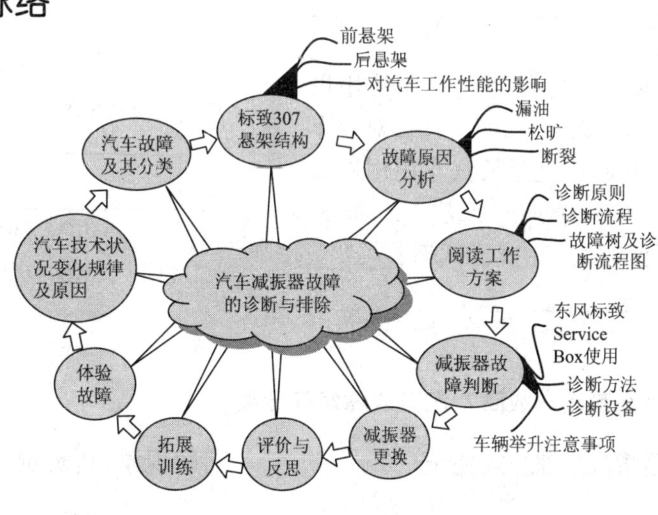

建议学习时间:6h

引导问题

一、任务准备

引导问题 1　您体验到的教学车辆的故障现象是怎样的？

故障现象体验记录:____

____

____

引导问题 2　什么是汽车技术状况？影响因素有哪些？汽车技术状况变化有什么规律？

(1)汽车技术状况:定量测得的____的总和。

(2)汽车技术状况变化的原因:自然磨损、__________、__________、__________和偶然事故导致的零件损伤。

(3)汽车技术状况变化的影响因素包括固有缺陷和使用条件。其中,使用条件的影响包括道路条件、运行条件、运输条件、__________、__________、__________、__________和驾驶技术。

(4)如图 1-1 所示,汽车技术状况变化规律可分为三个阶段,每个阶段的特点为:

①__________阶段。损坏率是时间的减函数。技术状况的变化取决于零件设计质量、制造工艺水平和材料力学性质。

②随机损坏阶段。____

③__________阶段。零件经过长期使用以后,损坏率是时间的增函数。在这个阶段,对汽车及时进行检查、维护和调整是延长汽车使用寿命的有效措施。

零件损坏率 λ
随机损坏阶段
行驶里程(km)

图 1-1　汽车技术状况变化规律

(5)汽车零部件的常见耗损形式有:__________、__________、__________、__________和__________。

引导问题 3　什么是汽车故障？汽车故障怎样分类？

(1)汽车故障是指汽车部分或完全__________________的现象,其实质是汽车零件本身或

零件之间的配合状态发生了异常变化。

(2)请根据提示完成汽车故障的分类,如表1-1所示。

汽车故障分类表　　表1-1

分类标准	故障类型	故障描述
按故障发生的原因分	自然故障	在使用期间,由于外部或内部不可抗拒的自然原因而引起的故障,如自然情况下的磨损、腐蚀、老化等损坏形式均为自然故障
		汽车在制造或维修时,由于使用了不合格的零件,或违反了装配技术条件;在使用中没有遵守使用条件和操作技术规程;没有执行规定的维修制度以及由于运输、保管不当等原因,而使汽车过早地丧失了它应有的功能
按失去工作能力的程度分	局部故障	汽车失去了工作能力,降低了使用性能的故障
		汽车完全失去工作能力,不能行驶的故障
按影响汽车性能的情况分		汽车不能继续完成本身的功能,如行驶跑偏、转向失灵、发动机不能启动等
	参数故障	汽车的性能参数达不到规定的指标,如发动机功率下降、百公里油耗异常、排放超标等
按发生的后果分	轻微故障	不会导致停驶,尚不影响正常使用,亦不需要更换零件,可用随车工具在短时间(5min)内轻易排除
		汽车运行中能及时排除的故障或不能排除的局部故障。一般故障造成停驶,但不会导致主要零部件损坏,并可用随车工具和易损件或价值很低的零件在短时间(30min)内修复;虽未造成停驶,但已影响正常使用,需调整和修复
		指汽车运行中无法排除的完全故障。严重故障导致整车性能显著下降;造成主要零部件损坏,且不能用随车工具和易损备件在短时间(30min)内修复
	致命故障	导致汽车造成重大损坏的故障。致命故障涉及人身安全,可能导致人身伤亡;引起主要总成报废,造成重大经济损失;不符合制动、排放、噪声等法规要求

引导问题4　东风标致307汽车悬架系统有哪些结构特点?

(1)东风标致307汽车的前悬架系统结构,如图1-2所示。

①前悬架系统包含哪些零部件?

1-螺旋弹簧;2-连接杆;3-__________;4-减振器支座挡圈;5-__________;6-____________;7-前副车架。

②前悬架系统的类型为______________________,其特点是下悬臂直接由__________________构成。横向稳定杆位于____________的后面,横向稳定杆不参与车辆转向。

(2)东风标致307汽车的后悬架系统结构,如图1-3所示。

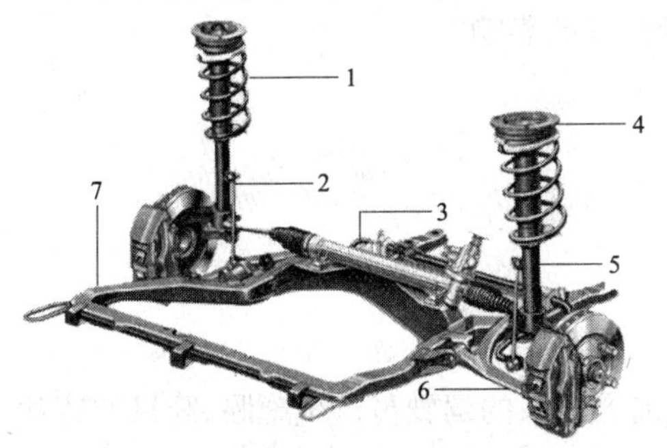

图1-2　东风标致307汽车的前悬架系统

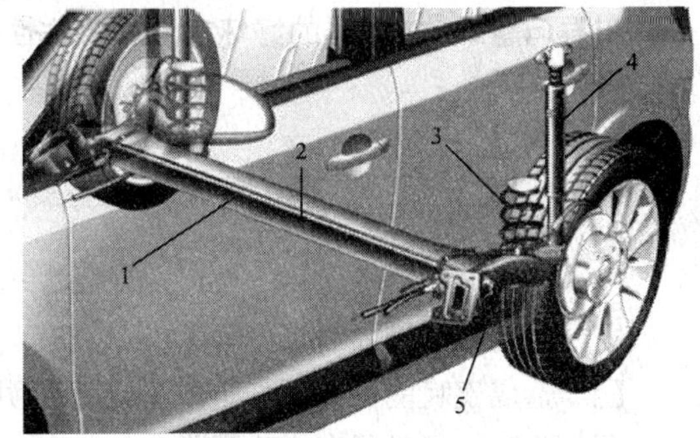

图1-3　东风标致307汽车的后悬架系统

①后悬架系统包含哪些零部件?

1-U 形可变形横梁;2-__________;3-__________;4-后减振器;5-车臂。

②后悬架系统的类型为____________,其特点是(请选择):

☐ 采用 U 形可变形横梁,其变形可补偿一侧车轮受到冲击时对另一侧车轮的影响

☐ 车臂焊接在横梁上

☐ 横向稳定杆焊接在 U 形可变形横梁上可以减轻侧倾现象,但不可更换

☐ 减振器与螺旋弹簧装于一体

☐ 减振器与螺旋弹簧分离布置

(3)东风标致 307 汽车的悬架系统零部件的作用,如图 1-4 所示,请连线。

零件名称	作用	零件图	作用
前稳定杆	抑制弹簧的振动情况		承载悬架系统部件,并与其他部件共同起到车辆定向的功能
后稳定杆	吸收车身一部分垂直运动	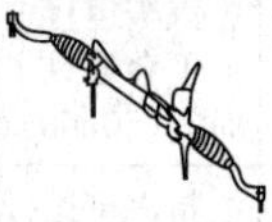	与转向系统一起,决定转向桥的转向
弹簧	减少车身横向摇动		承载发动机、转向机构、悬架系统,并起到联系地面与车辆的作用
减振器	保证车辆行驶方向的稳定性		起到定向车辆的功能

图 1-4 悬架系统部件及作用

(4)东风标致 307 汽车减振器有什么优点?

减振器内部装有一部分的低压氮气,用于在减振器压缩和伸张过程中,__________的改变来补充活塞拉杆的体积,从而避免出现__________。

引导问题 5 减振器的好坏对汽车工作性能有什么样的影响?

☐ 车身下沉

☐ 车辆行驶偏移和滑行

☐ 前轮偏摆

☐ 轮胎异常磨损

☐ 制动距离增加

☐ 造成夜晚能见度不稳定或不规律照明,导致前方驶来的驾驶员产生耀眼、眩目的感觉

☐ 汽车行驶过程中产生噪声

二、方案制订与优选

引导问题6　哪些原因可能导致减振器故障？

东风标致307汽车减振器的故障原因有：

(1)减振器漏油。

(2)减振器杆护套磨损严重或减振器连接松旷。

(3)________________。

引导问题7　如何制订减振器故障诊断方案？

(1)什么是汽车故障诊断？与汽车检测有何区别？

____

____

____

(2)汽车故障诊断的基本原则有哪些？

____

____

(3)图1-5所示为汽车故障诊断的一般流程，在验证及重现故障时有哪些注意事项？

____

____

____

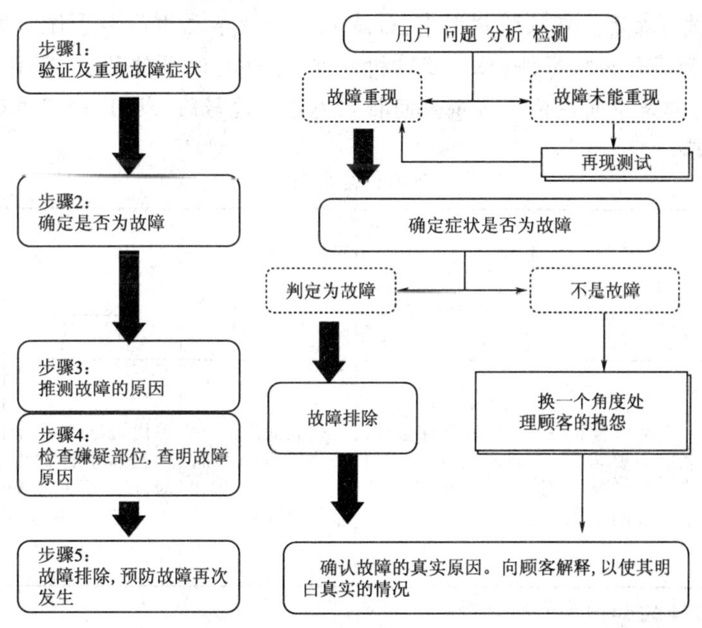

图1-5　汽车故障诊断的一般流程

(4)减振器的故障诊断流程图如图 1-6 所示。

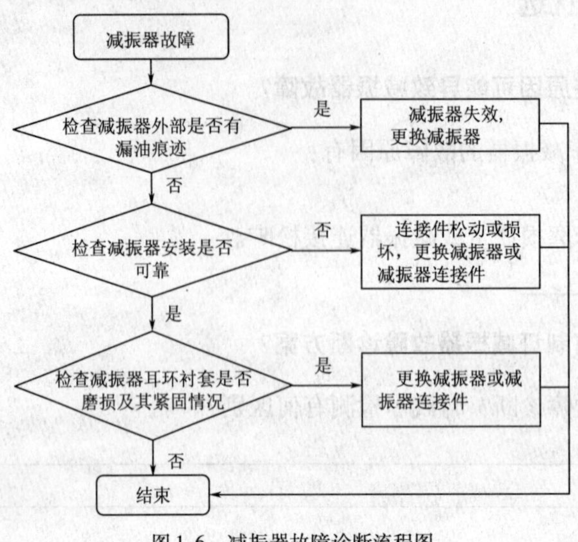

图 1-6　减振器故障诊断流程图

小知识:故障树及故障诊断流程图

故障树分析 FTA(Fault Tree Analysis)是美国贝尔电报公司的电话实验室于 1962 年开发的一种演绎推理方法,将系统可能发生的故障和故障原因由总体到部分按树状逐渐细化,通过对故障树的定性和定量分析,判明故障原因并可得出引发故障相关因素的相关重要度。其特点是直观、明了,思路清晰,逻辑性强。

故障树图是从上到下逐级建树并且根据事件而联系,路径交叉处的事件和状态,用标准的逻辑符号(与、或等)表示。在故障树图中,最基础的构造单元为门和事件。故障树建立时,将最不希望发生的故障作为顶事件;位于故障树底部;导致其他事件的、不可再分的原因事件为底事件,其他事件都是中间事件。各事件间相互关系通过与门、或门、非门等逻辑门表示,常见图形如表 1-2 所示。

各事件常用图形　　表 1-2

(矩形)	(圆形)	(椭圆形)	(或门符号)	(与门符号)	(六边形)
代表顶上事件或中间事件,是通过逻辑门作用的、由一个或多个原因而导致的故障事件	代表基本事件,表示不要求进一步展开的基本引发故障事件	代表条件事件,表示施加于任何逻辑门的条件或限制	代表或门,一个或多个输入事件发生,即发生输出事件的情况	代表与门,当全部输入事件发生时,输出事件才发生的逻辑关系	代表禁门,是与门的特殊情况。它的输出事件是由单输入事件所引起的,但在输入造成输出之间,必须满足某种特定的条件

绘制好的故障树如图 1-7 所示。

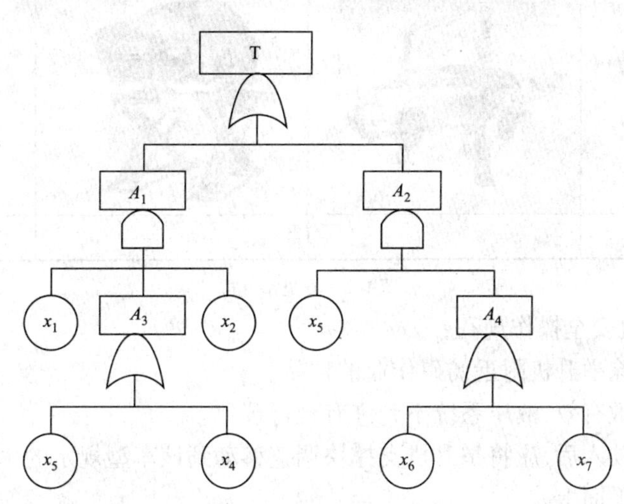

图1-7　故障树

汽车故障诊断流程图是汽车故障诊断中检测思路、综合分析、逻辑推理和判断方法最常用的具体表达方式,深受汽车维修一线工作人员的欢迎。汽车故障诊断流程图是根据汽车故障现象的特征和技术状态之间的逻辑关系,反映汽车故障诊断综合分析、逻辑推理和判断思路,描述汽车故障诊断操作顺序和具体方法,从故障现象到具体故障部位和原因的顺序框图。在用故障树诊断法绘制出汽车故障树的基础上,依据汽车故障诊断和维修的经验,排除部分具体车型汽车发生可能性很小的基本故障原因,根据从总体到局部,先易后难,由表及里分层推进的原则,列出汽车故障诊断操作顺序,阐明具体操作方法,并用流程图的形式表达出来。通常只用到菱形和矩形符号。菱形符号用于进行判断和选择,矩形符号用于描述操作或结果。

三、实施与控制

引导问题8　汽车故障诊断的常用方法有哪些?

汽车故障诊断常用的方法有:直观诊断、利用自诊断系统诊断、简单仪表诊断和专用诊断仪器诊断、备件替代诊断、故障征兆模拟诊断和故障树诊断等。汽车减振器的诊断方法一般采用__________。

引导问题9　汽车故障诊断的常用设备有哪些?

____

____

____

引导问题10　车辆举升时有哪些安全注意事项?

(1)识别图1-8所列举升机的类型,并在图空格中填写各类型举升机名称。

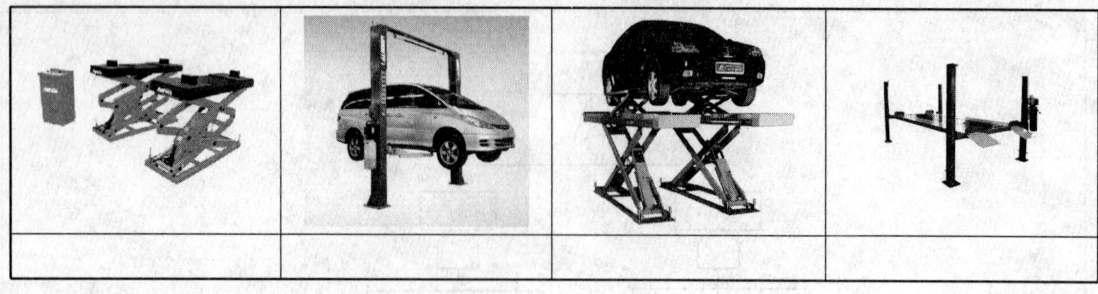

图 1-8　常见举升机

(2)柱式举升机安全操作规程:

①使用前应清除举升机附近妨碍作业的物品。

②操作机构灵敏有效,液压系统不允许有爬行现象。

③待举升车辆驶入后,应将举升机支撑块调整移动到该车型规定的举升点,并应保证四个支撑托架在同一水平面上。

④支车时,车辆不可支得过高,支起后四个支撑托架应确保锁止。

⑤举升机不得频繁起落。

⑥作业过程中,严禁升降举升机。

⑦发现操作机构不灵,电动机不同步,托架不平或液压部分漏油,应及时报修,不得带病操作。

⑧作业完毕应清除杂物,打扫举升机周围以保持场地整洁。

(3)剪式举升机操作规程:

在柱式举升机安全操作规程基础上归纳出剪式举升机安全操作规程。

(4)在图 1-9 上标注东风标致 307 汽车举升支撑点。

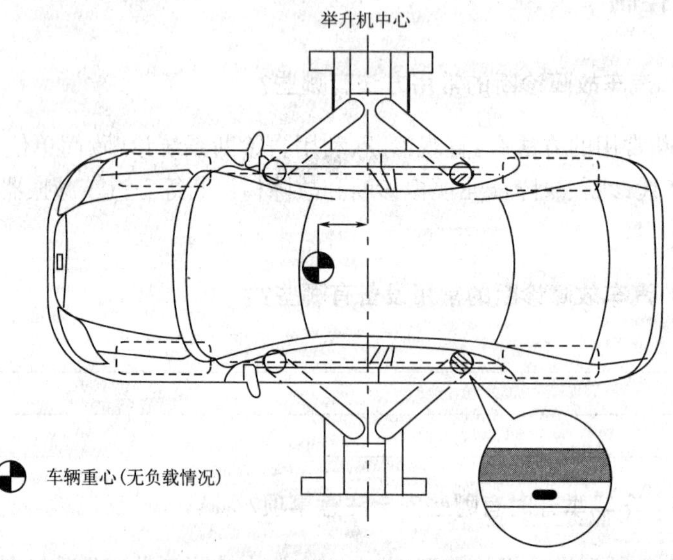

图 1-9　东风标致 307 汽车举升支撑点

引导问题 11　东风标致 307 汽车 Service Box 是什么?

(1)获取汽车维修资讯的方法有:______________________________。

(2)Service Box 系统为东风标致基于 Internet 互联网络的维修资讯平台,通过 Service Box 网站可以对标致全系列车型进行__________、__________、维修手册查询、__________等工作。

引导问题 12　如何进行减振器故障的就车检查?

(1)______________________________

____

(2)______________________________

____

(3)______________________________

____

(4)______________________________

____

引导问题 13　如何进行减振器更换?

(1)维修工艺的查找。

①通过因特网登陆 https://servicebox. peugeot. com,弹出如图 1-10 所示对话框后,输入用户名和密码进入到 Service Box 系统。其系统对用户设置有权限的要求,根据一个工作岗位的权限不同,所能查阅的内容也不同。

②进入首页后,在 VIN/VIS 框内输入需要查询车辆的__________,点击“OK”。这时所查询的内容和查询车辆的配置相符,如图 1-11 所示。

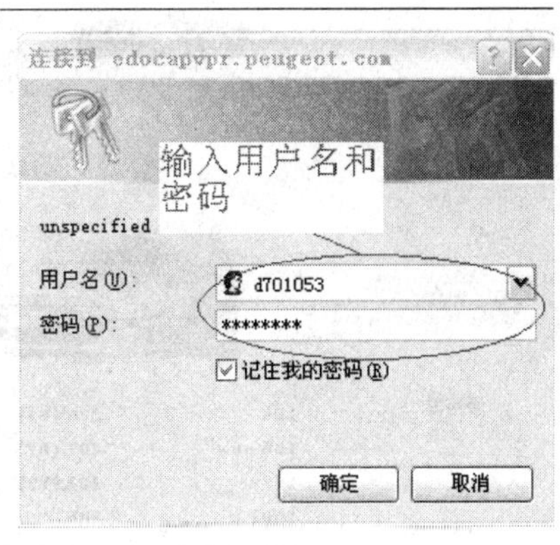

图 1-10　输入用户名和密码

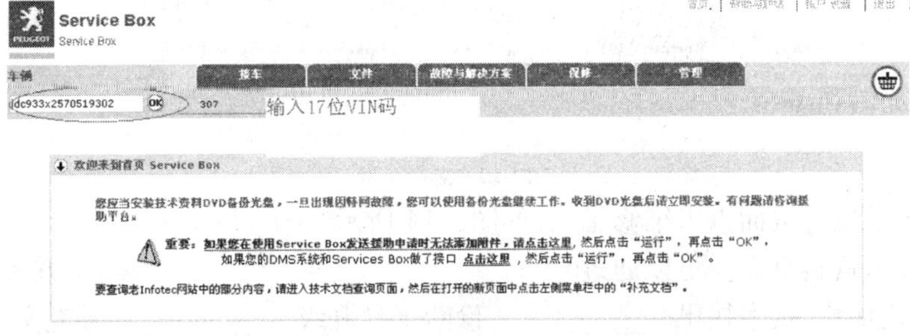

图 1-11　输入 17 位 VIN 码

③也可以不输入 VIN 号，直接选择__________进入到选择车型页面，如图 1-12 所示。

Service Box
Service Box

首页 | 帮助与联络 | 帐户 设置 | 退出

车辆　接车　文件　故障与解决方案　保修　管理

VIN/VIS　OK

技术文档
*商务文档

欢迎来到首页 Service Box

您应当安装技术资料DVD备份光盘，一旦出现因特网故障，您可以使用备份光盘继续工作。收到DVD光盘后请立即安装。有问题请咨询援助平台。

重要：如果您在使用Service Box发送援助申请时无法添加附件，请点击这里，然后点击“运行”，再点击“OK”，如果您的DMS系统和Services Box做了接口 点击这里，然后点击“运行”，再点击“OK”。

要查询老Infotec网站中的部分内容，请进入技术文档查询页面，然后在打开的新页面中点击左侧菜单栏中的“补充文档”。

图 1-12　选择技术文档

④选择车型 307 后进入技术文件页面，如图 1-13 所示。

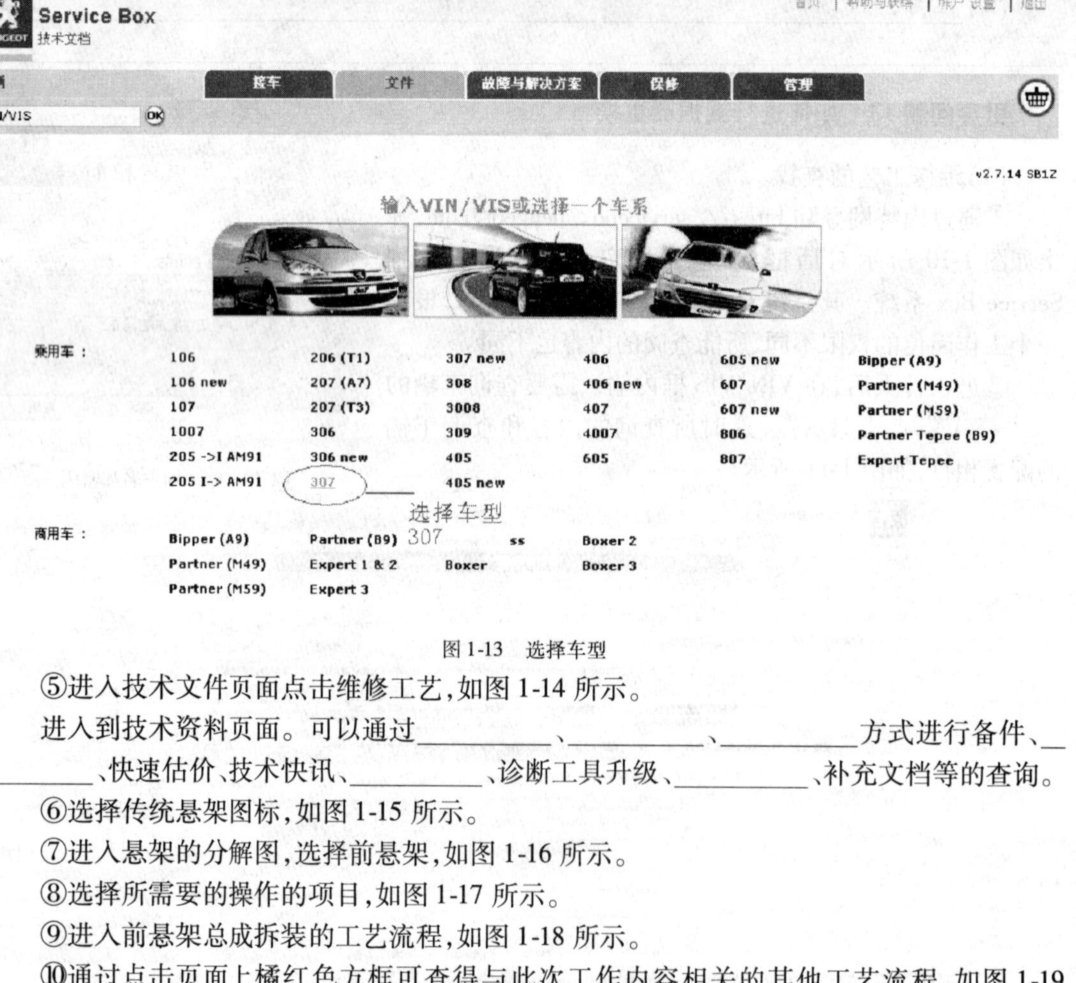

图 1-13　选择车型

⑤进入技术文件页面点击维修工艺，如图 1-14 所示。

进入到技术资料页面。可以通过__________、__________、__________方式进行备件、__________、快速估价、技术快讯、__________、诊断工具升级、__________、补充文档等的查询。

⑥选择传统悬架图标，如图 1-15 所示。

⑦进入悬架的分解图，选择前悬架，如图 1-16 所示。

⑧选择所需要的操作的项目，如图 1-17 所示。

⑨进入前悬架总成拆装的工艺流程，如图 1-18 所示。

⑩通过点击页面上橘红色方框可查得与此次工作内容相关的其他工艺流程，如图 1-19 所示。

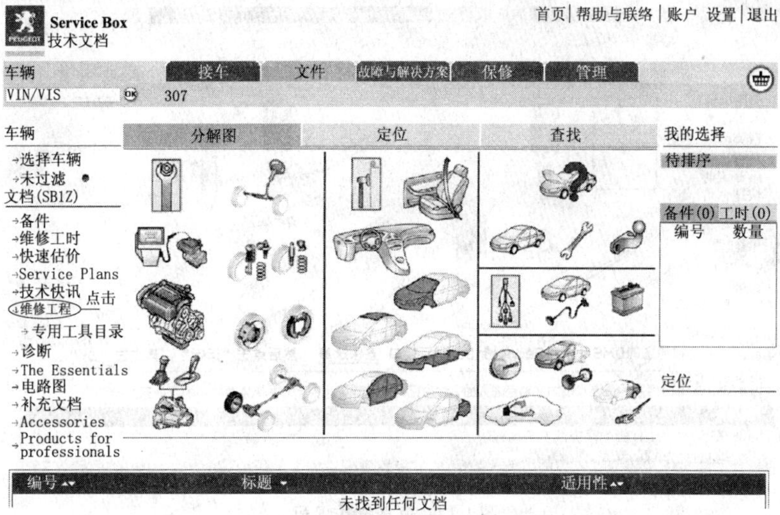

Service Box
技术文档
首页|帮助与联络|账户 设置|退出
车辆　接车　文件　故障与解决方案　保修　管理
VIN/VIS　307
车辆　分解图　定位　查找　我的选择
选择车辆
未过滤
文档(SB1Z)
备件
维修工时
快速估价
Service Plans
技术快讯
维修工程 点击
专用工具目录
诊断
The Essentials
电路图
补充文档
Accessories
Products for professionals
待排序
备件(0) 工时(0)
编号 数量
定位
编号　标题　适用性
未找到任何文档

图1-14　点击维修工艺

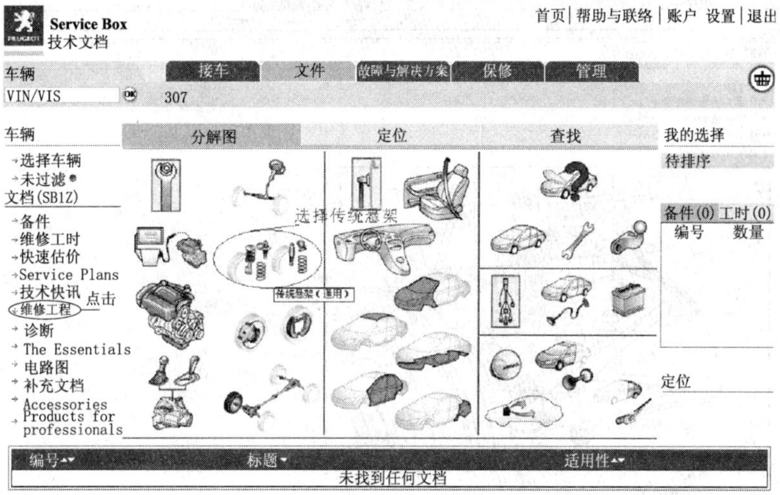

Service Box
技术文档
首页|帮助与联络|账户 设置|退出
车辆　接车　文件　故障与解决方案　保修　管理
VIN/VIS　307
车辆　分解图　定位　查找　我的选择
选择车辆
未过滤
文档(SB1Z)
备件
维修工时
快速估价
Service Plans
技术快讯
维修工程 点击
诊断
The Essentials
电路图
补充文档
Accessories
Products for professionals
选择传统悬架
传统悬架(通用)
待排序
备件(0) 工时(0)
编号 数量
定位
编号　标题　适用性
未找到任何文档

图1-15　选择传统悬架

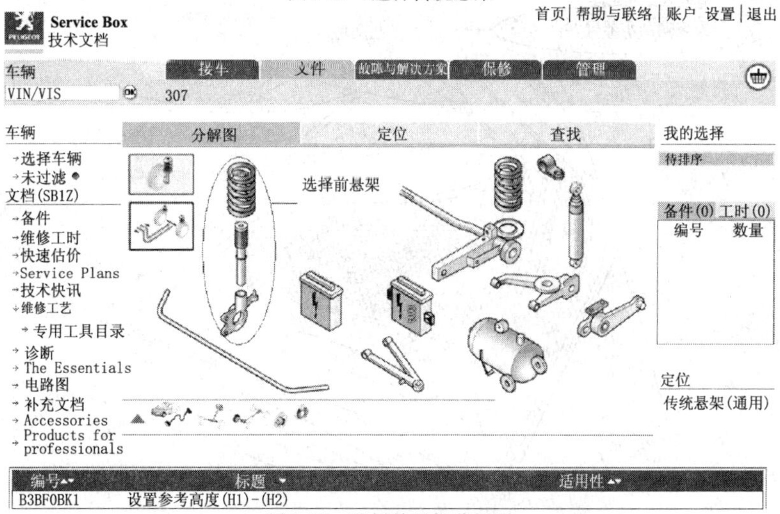

Service Box
技术文档
首页|帮助与联络|账户 设置|退出
车辆　接车　文件　故障与解决方案　保修　管理
VIN/VIS　307
车辆　分解图　定位　查找　我的选择
选择车辆
未过滤
文档(SB1Z)
备件
维修工时
快速估价
Service Plans
技术快讯
维修工艺
专用工具目录
诊断
The Essentials
电路图
补充文档
Accessories
Products for professionals
选择前悬架
待排序
备件(0) 工时(0)
编号 数量
定位
传统悬架(通用)
编号　标题　适用性
B3BF0BK1　设置参考高度(H1)-(H2)

图1-16　选择前悬架分解图

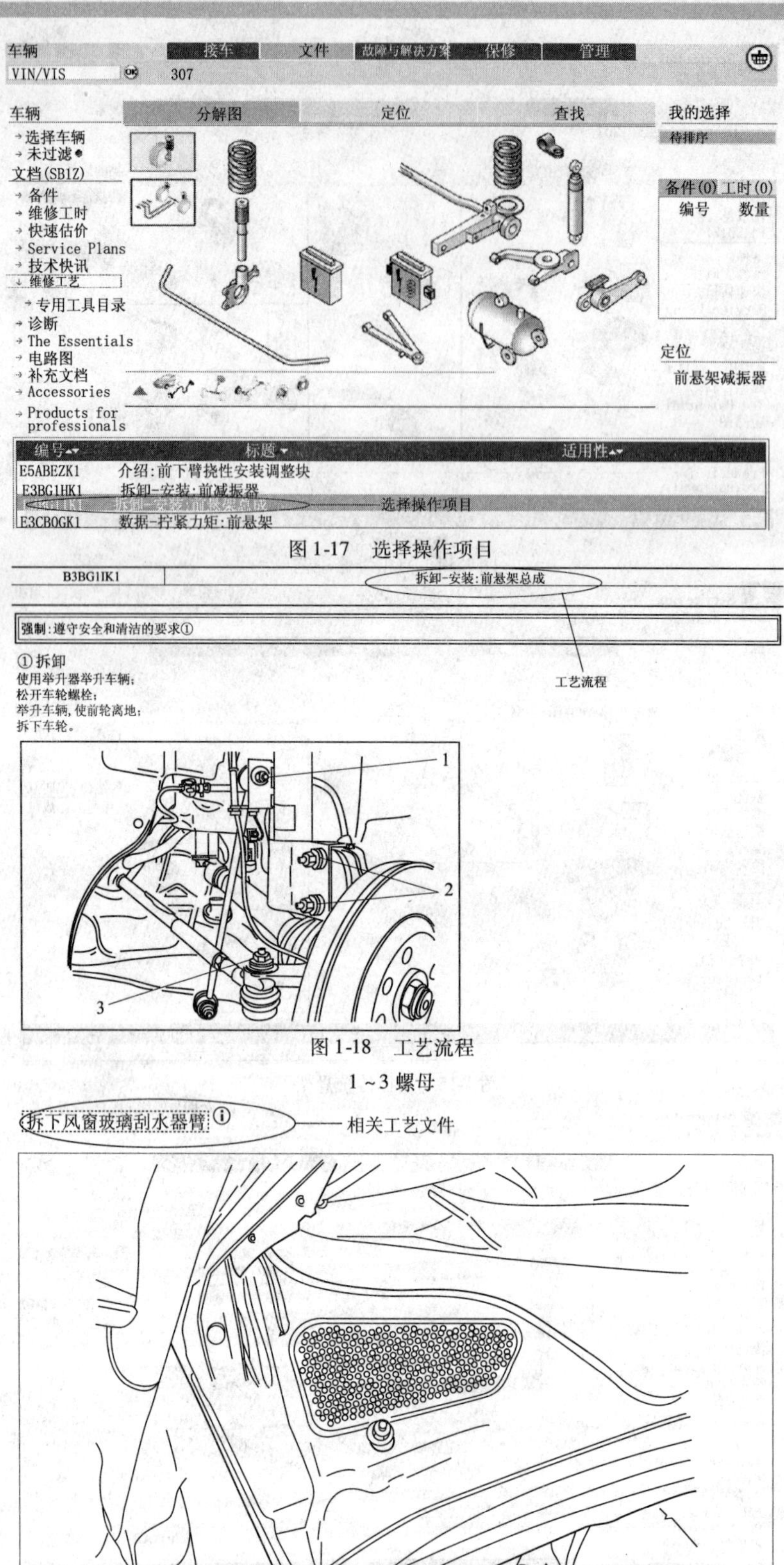

图 1-17 选择操作项目

图 1-18 工艺流程

1～3 螺母

图 1-19 相关工艺流程

(2)前悬架的拆卸。

①列出所需设备、工具及材料清单：

____

____

____

②举升车辆：

检查举升机　□任务完成

车辆开进工位　□任务完成

停车,打开发动机罩　□任务完成

铺上护套　□任务完成

确定顶车位置　□任务完成

稍微举升车辆　□任务完成

检查车辆是否平稳　□任务完成

小提示

使用举升机举升车辆前,松开车轮螺栓。

③拆下车轮。

④如图1-20所示,拆卸横向稳定杆连接杆固定到悬架总成上的螺母1,拆卸悬架总成固定到转向节上的螺母2,拆卸转向节球销螺母3。

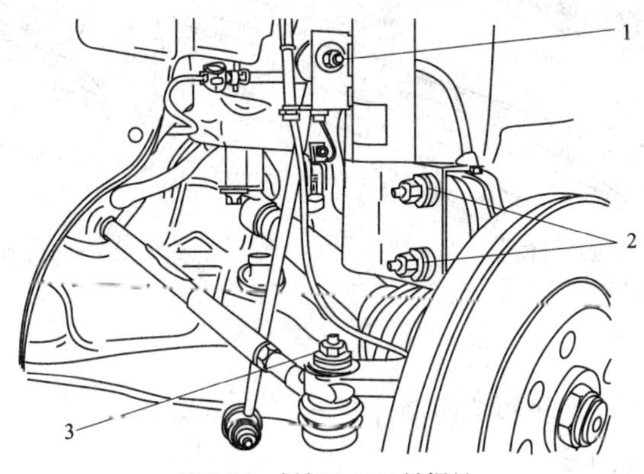

图1-20　拆卸1、2、3号螺母

⑤拆下刮水器臂固定螺母,使用专用工具——刮水器拔出器(图1-21),将刮水器臂1拔出(图1-22),转动螺栓2。

小提示

在进行安装时,确保将刮水片末端(刮水器刮片)与风窗玻璃图示上的标记对齐。将螺栓2拧紧至(10±2.5)N·m。

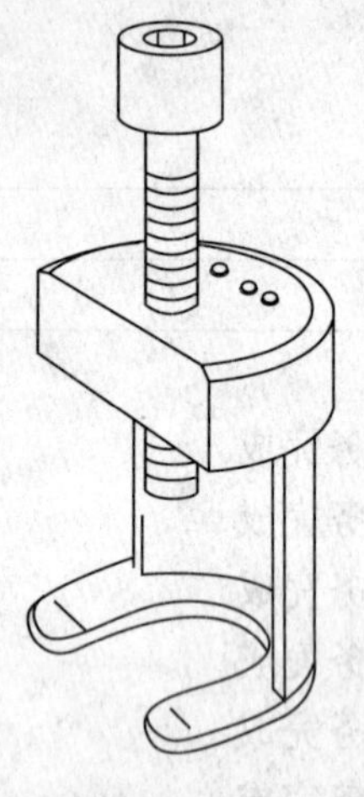
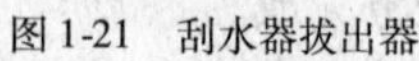

图 1-21　刮水器拔出器

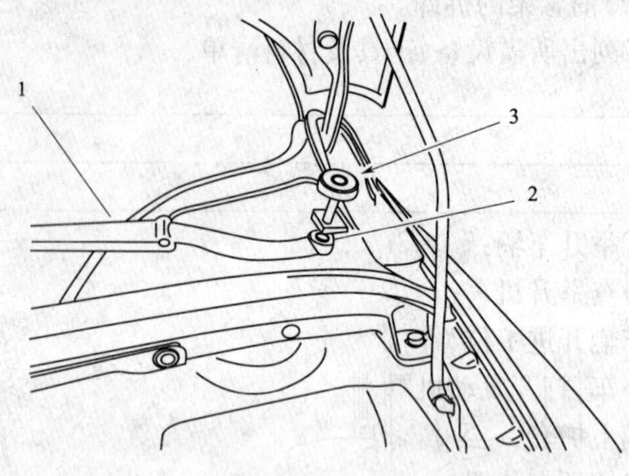

图 1-22　拆卸刮水器臂

1-刮水器臂;2-螺栓;3-刮水器拔出器

⑥拆下风窗玻璃保护板 1,如图 1-23 所示。

⑦拆卸悬架总成上固定螺母 1。使用减振器固定端拆装专用工具 T45 防止减振器杆转动,如图 1-24 所示。

⑧拆下悬架总成。

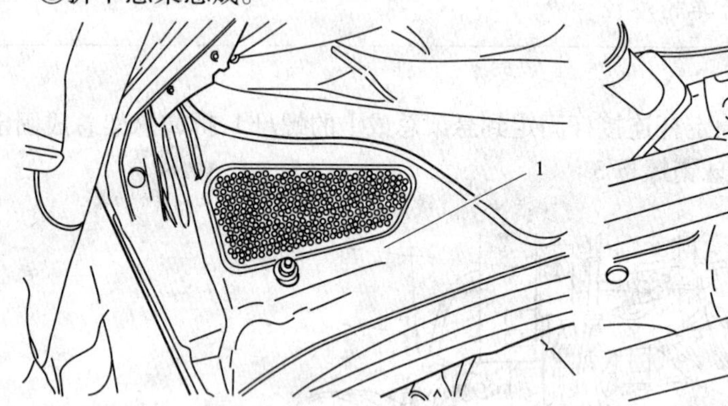

图 1-23　拆下风窗玻璃保护板

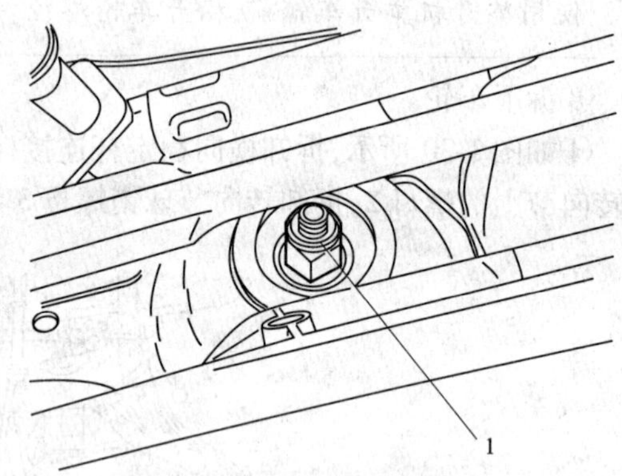

图 1-24　拆下悬架总成上固定螺母

小提示

1. 重新安装时,按照与拆卸相反的顺序进行。更换螺母 1。
2. 螺母拧紧力矩见表 1-3。

螺母拧紧力矩　　表 1-3

标　　记	说　　明	力矩(N·m)
螺母 1	将连接杆固定到悬架总成上的螺母	40
螺母 2	转向节与悬架总成的紧固件	90
螺母 3	转向节球销螺母	35
螺母 5	悬架总成上固定螺母	72

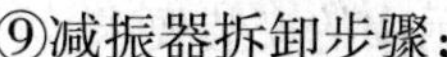
⑨减振器拆卸步骤；

使用弹簧压缩器（图 1-25），将螺旋弹簧固定到弹簧压缩器的弹簧支座 1 内，压紧弹簧，如图 1-26 所示。

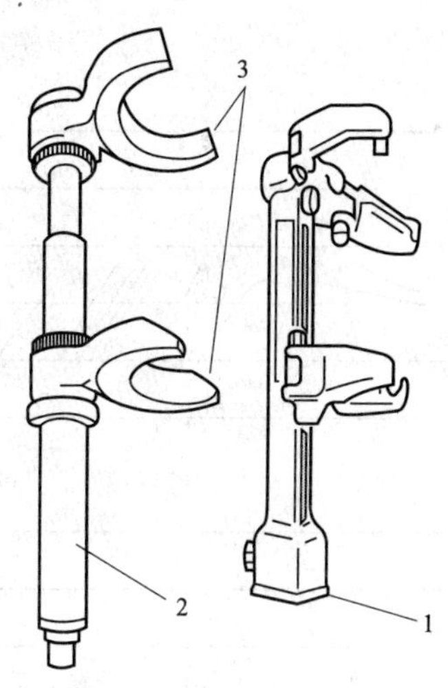

图 1-25　弹簧压缩器

1-弹簧压缩器；2-弹簧压缩支架；3-弹簧支座

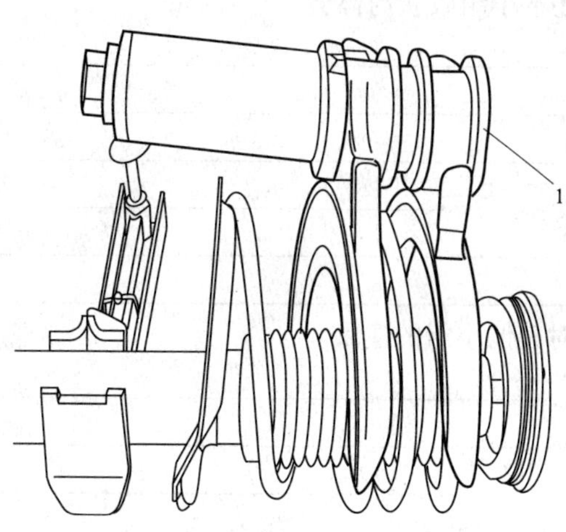

图 1-26　拆卸减振器弹簧

1-弹簧压缩器

> **小提示**
>
> 压缩弹簧时，检查确认弹簧正确固定在弹簧座上。

拆卸减振器，如图 1-27 所示，使用减振器固定端拆装工具 T45 防止减振器杆转动。

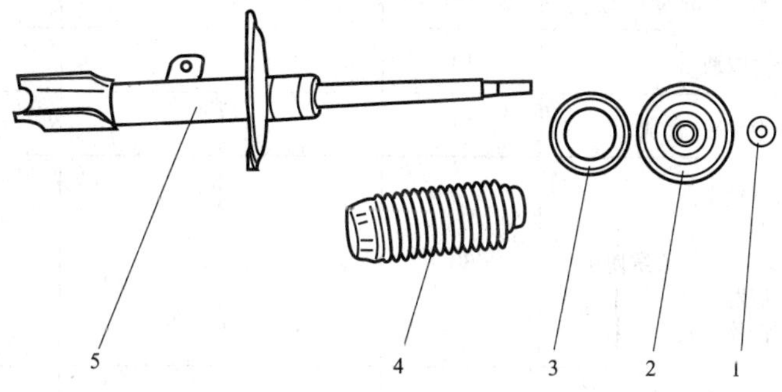

图 1-27　减振器分解图

1-螺母；2-减振器固定端支撑座；3-挡圈；4-减振器杆护套；5-减振器

> **小提示**
>
> 1. 将弹簧压缩器打开到最大限度并不能使弹簧从工具上脱离。
> 2. 重新安装时按照与拆卸相反的顺序进行，必须更换螺母 1 并将其拧紧至 69N · m。

⑩装复。按照与拆卸相反的顺序进行安装,需特别注意上述小提示中的安装要求。

四、评价与反馈

1. 小组成果展示

简述本小组收获与体会。

(1)______________________________

(2)______________________________

(3)______________________________

你对其他小组的建议。

(1)______________________________

(2)______________________________

2. 评分(表1-4)

评分表　　表1-4

考核项目	评分标准	分数	学生自评	小组互评	教师评价	小计
团队合作	是否和谐	5				
活动参与	是否积极主动	5				
安全生产	有无安全隐患	10				
现场5S	是否做到	10				
任务方案	是否正确、合理	15				
操作过程	举升机操作; 减振器检查; Service Box 系统使用; 减振器更换; 减振器安装	30				
任务完成情况	是否圆满完成	5				
工具、设备使用	是否规范、标准	10				
劳动纪律	是否能严格遵守	5				
工单填写	是否完整、规范	5				
总分		100				
教师签字:			年　月　日		得分	

注意:违反操作规程,出现人身伤害或设备严重事故,本任务考核0分。

五、拓展训练

(1)请列出举升机的常见故障及解决方法。

(2)查阅资料,说明丰田威驰汽车、大众捷达汽车减振系统的结构特点。

(3)把本次学习所遇故障编成技术案例。

学习任务2 汽车充电指示灯常亮故障的诊断与排除

工作情境描述

一辆装备1.6L排量、16气门发动机的爱丽舍汽车，在行驶过程中驾驶员发现仪表板充电指示灯点亮，随即停车熄火再启动发动机并高转速运行，但充电指示灯依然常亮。驾驶员随即将车开到东风雪铁龙服务站并与服务顾问沟通后，服务顾问开出工单要求你排除此故障。

学习目标

1. 描述爱丽舍汽车的电源系统结构特点；
2. 进行汽车简单电路的分析；
3. 分析充电指示灯常亮故障产生的原因，能读懂给定的诊断检查方案；
4. 正确使用数字万用表和试灯进行故障部位检查；
5. 根据维修手册，正确选用工具和设备，在45min内，安全规范地进行爱丽舍发电机更换；
6. 向客户介绍电源系统使用注意事项；
7. 向客户解释故障判断及处理结果；
8. 把本次诊断与排除的故障编写成案例或技术公报。

学习脉络

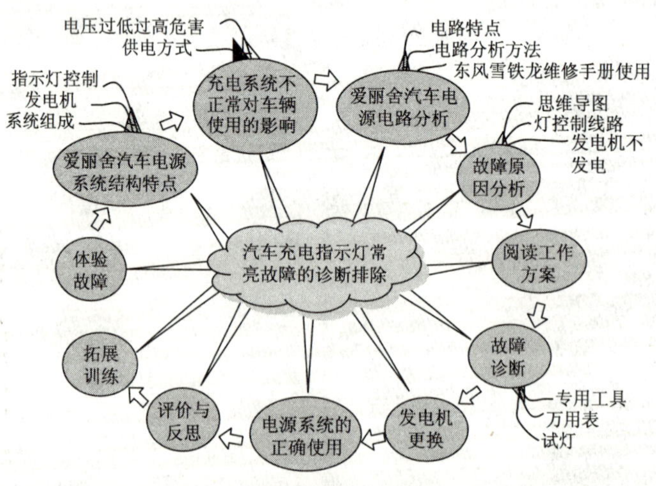

建议学习时间:6h

引导问题

一、任务准备

引导问题1　您体验到的教学车辆的故障现象是怎样的?

故障现象体验记录:____

____

____

引导问题2　爱丽舍汽车电源系统有何结构特点?

(1)汽车电源系统的基本组成有________、________、________、熔断器和继电器等。

(2)爱丽舍汽车电源系统的结构特点。

①发电机:____

②充电指示灯控制:____

③发电机皮带调整机构:____

(3)画出充电指示灯符号,叙述电源系统正常时充电指示灯的工作情况。

____

____

____

引导问题3　充电系统工作不正常对车辆使用有何影响?

(1)汽车在停驶、启动和正常行驶时的供电方式有何不同?

____

____

____

(2)发电机发出的电压如果过高或过低,有什么危害?

____

____

____

二、方案制订与优选

引导问题4　汽车电路有何特点?

(1)采用直流电源。

(2)____________。

(3)____________。

(4)____________。

一个完整的电路通常包括电源、控制器件(开关、继电器等)、__________(易熔线、熔断器和断路保护器等)、____________(导线、线束和插接器等)。

引导问题 5　汽车电路图分析的基本要领有哪些?

汽车电路图是用特定图形符号表示的、汽车电气各系统元件间相互连接关系及工作状态的图形。对汽车电气维修人员而言,快速、准确地读懂电路图是提高维修效率和质量的前提。

(1)浏览全图,掌握线路特点。各大汽车厂商的电路图根据绘制者的思维不同,其表达方式千差万别,各具特色,阅读者要想很快进入角色,需要先从维修手册中获取该型车辆电路绘制上的特点、线束和插接器等元器件的表达方法。

(2)对照图注和图形符号,熟悉有关元器件名称及其在图中的位置、数量和接线情况。

(3)根据____________原则分析电路。任何一个电路都应是一个完整的电气回路,电流从电源正极经导线、开关(或熔断器)到用电器(负载)后搭铁,回到同一电源的负极。

(4)要善于利用汽车电路特点,把整车电路________。汽车电路的单线制、各电路负载相互并联以及两个电源也相互并联的特点,为把整车电路化整为零进行读图提供了方便。整车电路可以按前面所述的组成汽车电气线路的各个分电路逐一进行分析。

引导问题 6　如何进行爱丽舍汽车电源电路分析?

(1)东风雪铁龙维修手册的使用。

①技术文件分类。东风雪铁龙售后技术文件的制作、发放、管理、应用等均按照法国雪铁龙的基本模式。售后文件可分为三大类:维修类技术文件、用户应用技术文件和服务网点运行管理文件。维修类技术文件如图 2-1 所示,不同的车型其文件夹的颜色不同,红色的夹子装的

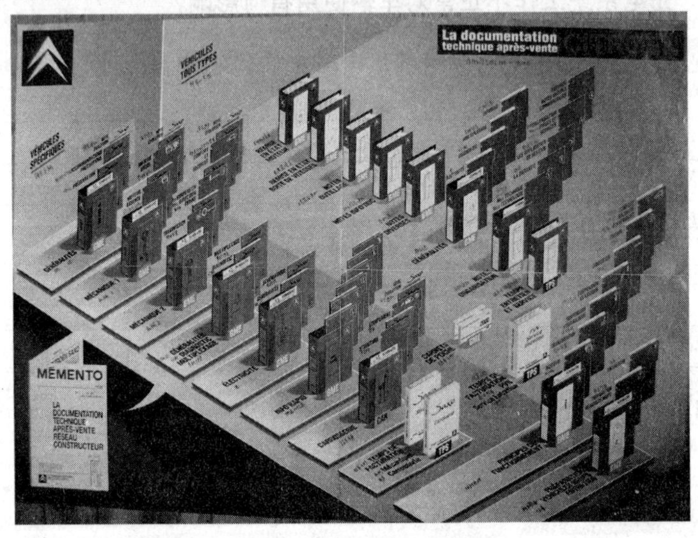

图 2-1　东风雪铁龙技术文件

是项目组织资料,绿色的夹子装的是工艺文件资料,黄色的夹子装的是售后网点管理资料,白色的夹子装的是车辆手册资料。

②维修类技术文件查询。东风雪铁龙爱丽舍维修手册如图2-2所示,根据手册图形识别其类别。

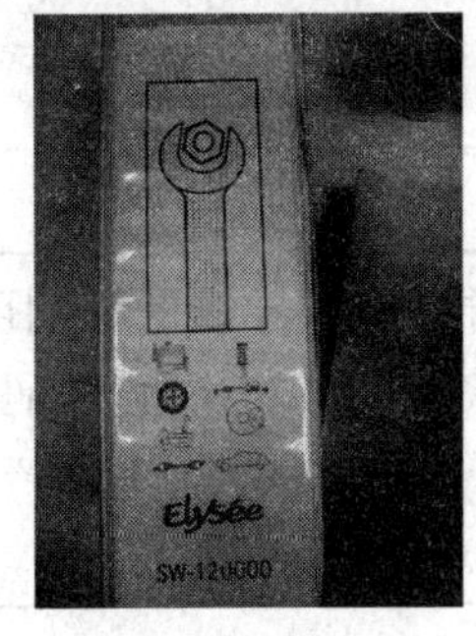

________维修手册

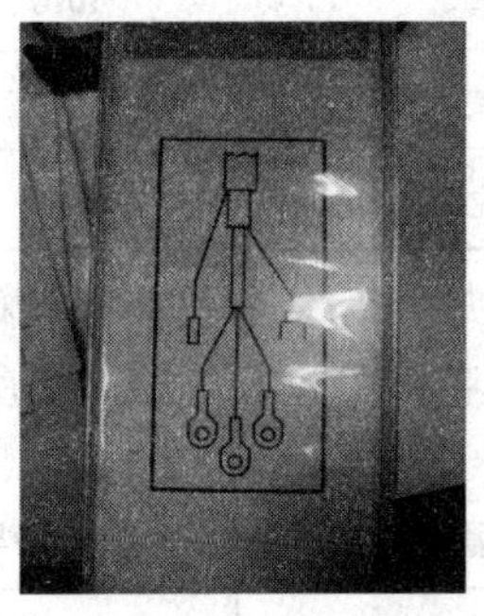

________维修手册

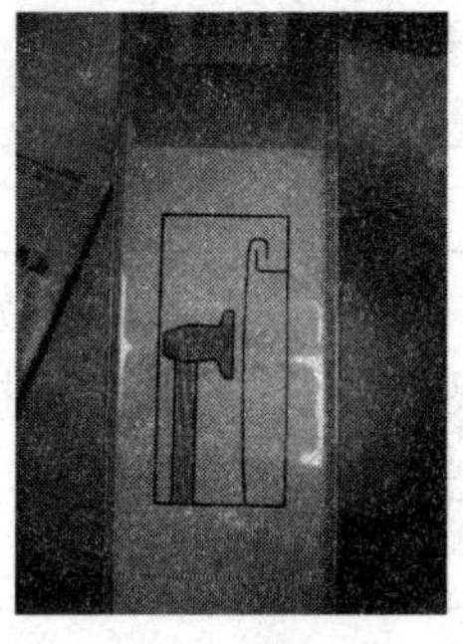

________维修手册

图2-2　东风雪铁龙爱丽舍维修手册识别

(2)爱丽舍汽车电源系统电路图阅读。

①元件识别。从维修手册上查阅到爱丽舍汽车电源系统电路图(图2-3),学习阅读并完成表2-1内容。

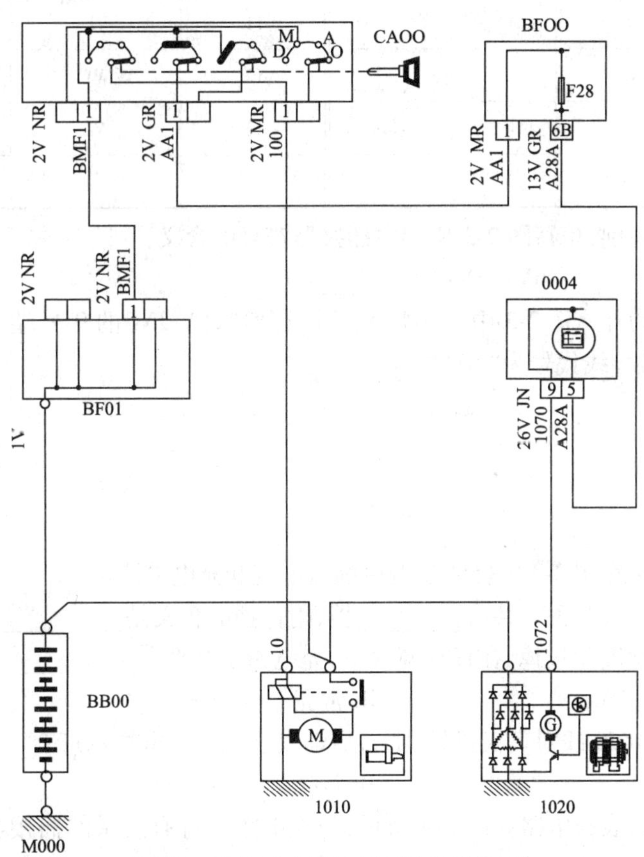

图2-3　东风雪铁龙爱丽舍汽车电源系统电路

东风雪铁龙爱丽舍汽车电源系统电路元件识别　　表 2-1

编　　号	电器元件名称	编　　号	电器元件名称
BB00	蓄电池	0004	
BF01	发动机舱熔断丝盒	1010	
CA00	防盗点火开关	1020	
BF00	座舱熔断丝盒	M000	

②插接器颜色识别。东风雪铁龙汽车维修手册上未对导线颜色进行标注,导线的识别可根据导线与插接器连接端标注的数字代号进行。表 2-2 所列为爱丽舍汽车插接器颜色代码,完成表格内容。

东风雪铁龙爱丽舍汽车电源系统电路导线颜色识别　　表 2-2

序　　号	颜 色 代 码	颜　　色	序　　号	颜 色 代 码	颜　　色
1	BA	白	8	OR	橘黄
2	BE		9	RG	红
3	BG	灰褐	10	RS	粉红
4	GR		11	VE	绿
5	JN	黄	12	VI	紫
6	MR		13	VJ	
7	NR				

③插接器代号识别,填写图 2-3 所示中插接器符号的含义:

2V　NR:__________;26V　JN:__________

④画简图说明为什么图 2-3 中“0004”元件插接器“26V JN”的 9 号端子相接的导线代号为“1070”,而另一端导线代号为“1072”。

⑤请用两种颜色在图 2-3 中标明发电机励磁电流和充电电流。

⑥爱丽舍汽车点火开关一共有________挡,附件挡的含义是____________。

⑦如果将 F28 熔断丝拔掉,在任何情况下,充电指示灯都会____________。

A. 不亮　　　　B. 常亮

⑧如果将图中 1070 线对负极搭铁,那么启动发动机后充电指示灯会____________。

A. 不亮　　　　B. 常亮

⑨爱丽舍汽车仪表板电路如图 2-4 所示,与充电指示灯有关系的插接器端子是____________。

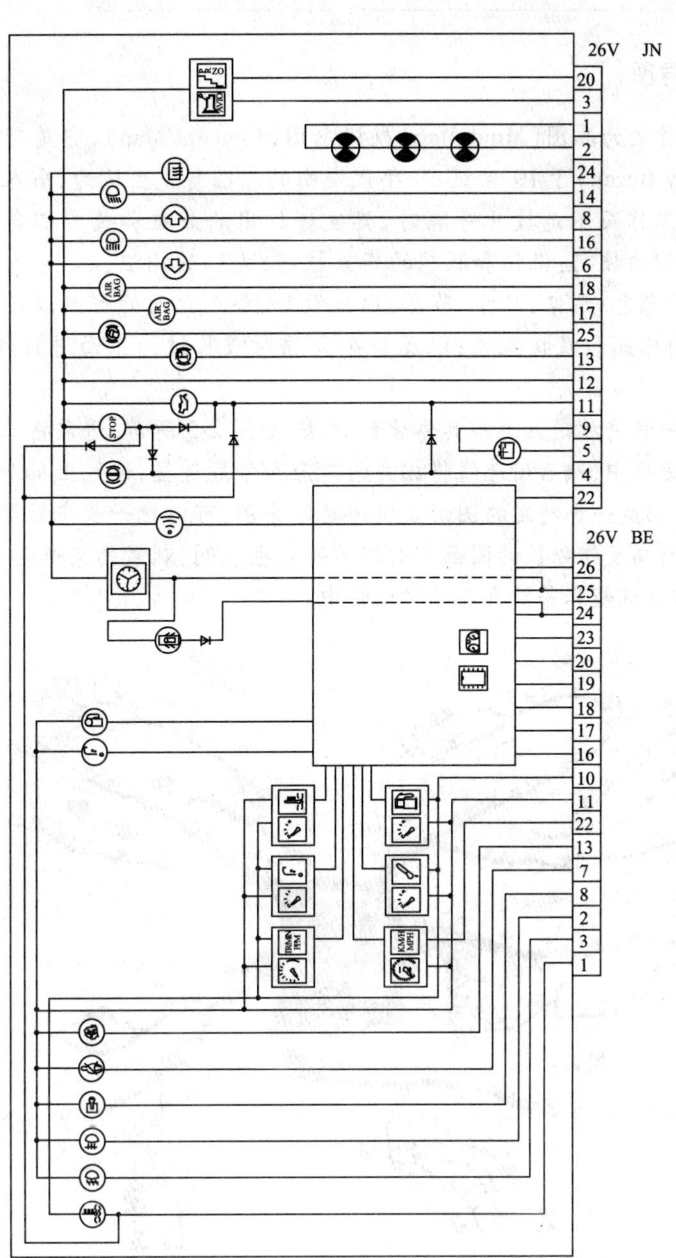

图2-4　东风雪铁龙爱丽舍汽车仪表板电路

引导问题7　试用思维导图分析爱丽舍汽车充电指示灯常亮故障的原因。

____

____

____

小知识:思维导图

思维导图也称之为脑图(Mind Map)或概念图(Concept Map),它是英国著名心理学家托尼·巴赞(Tony Buzan)于19世纪60年代发明的。巴赞先生认为,当人脑各个物理方面与智力技巧协同工作而不是彼此分隔时,其发挥作用的效益和效率都会更高。思维导图能调动你所有的智力技巧:记忆和联想的想象技巧;左脑的词汇、数字、列表、次序、逻辑和分析技巧;右脑的颜色、形象、尺寸、节奏、白日做梦、整个画面的形态以及右侧皮层的空间意识能力;眼睛的感知和吸收能力;以及整个大脑对吸收过的东西进行组织、储存和回忆的能力。

思维导图是一种将放射性思维具体化的方法,如图2-5所示,通常将与某一主题有关的概念置于圆圈或方框中,然后用连线将相关的概念和命题连接,连线上标明两个概念之间的意义和关系,从而形成一个特定的图形。使用思维导图,可以把一长串枯燥的信息变成彩色的、容易记忆的、有高度组织性的图画。心理学研究也表明,刺激的渠道越多,大脑中建立的联系就越多,新信息就越容易储存在长时记忆中。

图2-5 思维导图

引导问题8 根据以上分析,说明以下给出的诊断流程(图2-6)较为合理的原因。

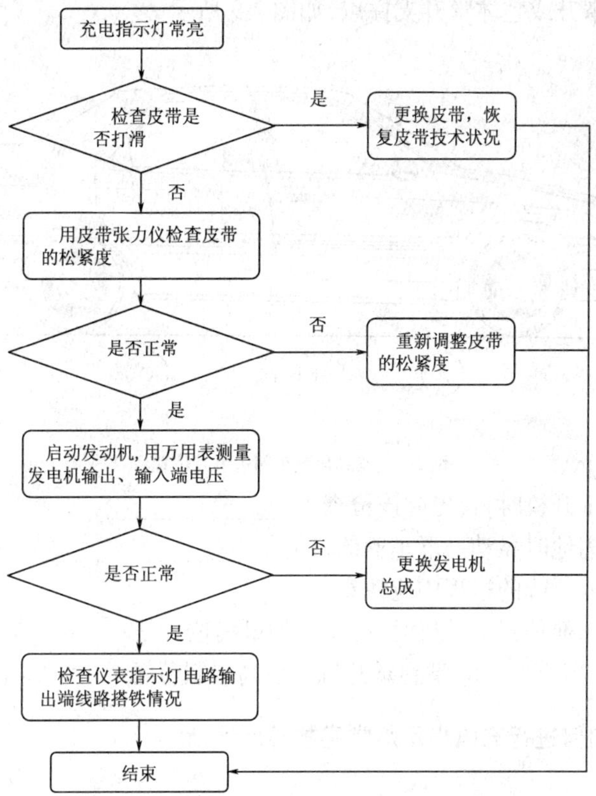

图2-6　爱丽舍汽车充电指示灯常亮故障诊断流程

三、实施与控制

引导问题9　举升车辆有哪些安全注意事项?

(1)车辆的前部举升。如图2-7所示,将________放置在三角臂下,且后轮应该________。

(2)车辆的后部举升。如图2-8所示,举升的力量应落在____________大梁上,且前轮应该____________。

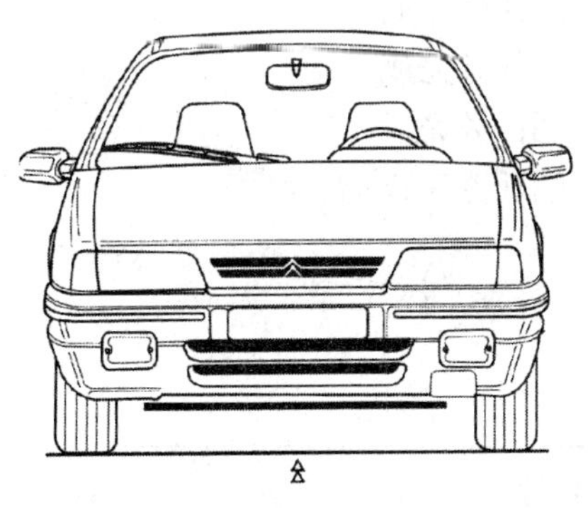

图2-7　爱丽舍汽车前部举升位置

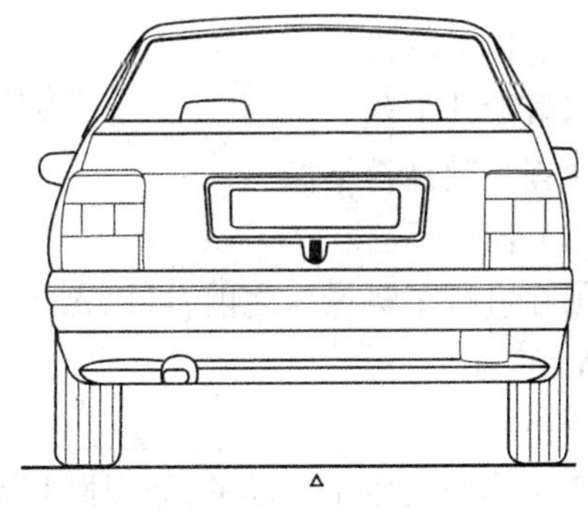

图2-8　爱丽舍汽车后部举升位置

(3)车辆的侧边举升或整体举升支撑点,如图 2-9 所示。

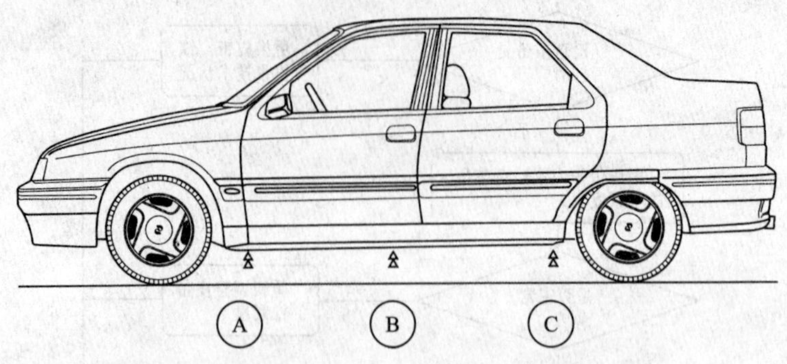

图 2-9 爱丽舍汽车侧边举升位置

(4)在操作剪式举升机时,首先应该检查________________。

(5)车辆四轮刚离地时晃动一下车辆的目的是________________。

(6)车辆在举升或下降的过程中应注意________________。

(7)在使用车间超薄剪式举升机时,所举升的最高位置是:________________。

A. 人有多高举多高　　B. 举到举升机的最高限制位置　　C. 举到保险齿还剩 3 齿

引导问题 10　如何进行充电指示灯常亮故障的诊断?

(1)准备工作。

①列出所需设备、工具及材料清单:

____

____

____

②举升车辆:

检查举升机　□任务完成

车辆开进工位　□任务完成

停车,打开发动机罩　□任务完成

铺上护套　□任务完成

确定顶车位置　□任务完成

稍微举升车辆　□任务完成

检查车辆是否平稳　□任务完成

(2)车间 5S。

①在进行车辆操作之前,可以先不装车辆的防护 5 件套。(　　)

A. 正确　　B. 不正确

理由:____

②工作服是用来劳动的,所以脏与不脏无所谓。(　　)

A. 正确　　B. 不正确

理由：＿＿＿＿＿＿＿＿＿＿＿＿＿＿＿＿＿＿＿＿＿＿＿＿＿＿＿＿＿＿

③在进行诊断或维修操作时，手上的戒指可以不取。（　）

A. 正确　　B. 不正确

理由：＿＿＿＿＿＿＿＿＿＿＿＿＿＿＿＿＿＿＿＿＿＿＿＿＿＿＿＿＿＿

④换下的废油、液体可以当一般的垃圾处理。（　）

A. 正确　　B. 不正确

理由：＿＿＿＿＿＿＿＿＿＿＿＿＿＿＿＿＿＿＿＿＿＿＿＿＿＿＿＿＿＿

⑤在进行车辆清洁时准备一块抹布就可以了。（　）

A. 正确　　B. 不正确

理由：＿＿＿＿＿＿＿＿＿＿＿＿＿＿＿＿＿＿＿＿＿＿＿＿＿＿＿＿＿＿

⑥用完的工具可以先放在零件车上，操作完成后再一起清理。（　）

A. 正确　　B. 不正确

理由：＿＿＿＿＿＿＿＿＿＿＿＿＿＿＿＿＿＿＿＿＿＿＿＿＿＿＿＿＿＿

⑦为了工作方便，可以带着手套进出驾驶室。（　）

A. 正确　　B. 不正确

理由：＿＿＿＿＿＿＿＿＿＿＿＿＿＿＿＿＿＿＿＿＿＿＿＿＿＿＿＿＿＿

⑧维修作业完成后，可以第二天再打扫卫生。（　）

A. 正确　　B. 不正确

理由：＿＿＿＿＿＿＿＿＿＿＿＿＿＿＿＿＿＿＿＿＿＿＿＿＿＿＿＿＿＿

(3)发电机皮带磨损的检查方法。

用手扳动皮带目视检查，皮带应无＿＿＿＿＿、＿＿＿＿＿、＿＿＿＿＿。

皮带与皮带轮在运转时应＿＿＿＿＿、应无＿＿＿＿＿。

(4)发电机皮带张力仪的使用方法。

发电机皮带张紧力的检查需使用专用工具皮带张力检查仪，如图2-10所示。

①先打开仪器电源开关，检查＿＿＿＿＿是否正常。

②先对仪器精度进行检查，即将＿＿＿＿＿放到测试槽中。

③旋紧仪器旋钮到发出＿＿＿＿＿响，观看显示屏显示的数值。

④如果显示的数值在＿＿＿＿＿个单位，那么仪器的精度就符合要求。

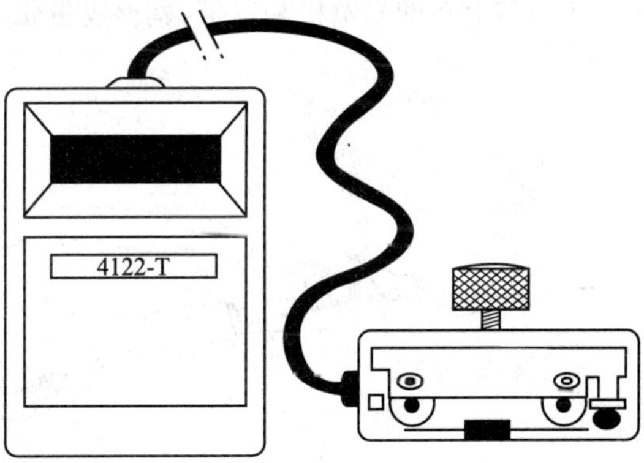

图2-10　皮带张力检查仪

⑤如果不在这个范围之内，那么就需要重新调整仪器。

⑥将检查仪的测试槽放在皮带跨度最长的皮带的中央，旋紧仪器旋钮到发出三声响。

⑦如果显示屏显示的数值在＿＿＿＿＿的范围内，那么皮带张力符合要求，否则应重新调整皮带的张力。

⑧如图2-11所示，发电机皮带张力调整螺栓是＿＿＿＿＿，锁紧螺栓是＿＿＿＿＿。

(5)发电机皮带张紧力的检查。

①应该先检查皮带张力检查仪的__________。

②如图 2-11 所示,将皮带张力检查仪接在发电机皮带跨度__________。

③将仪器旋钮旋到发出三声响,观看显示屏显示数值应不低于__________个单位。

④如低于__________个单位,则皮带张紧力不够,需重新调整皮带张力。

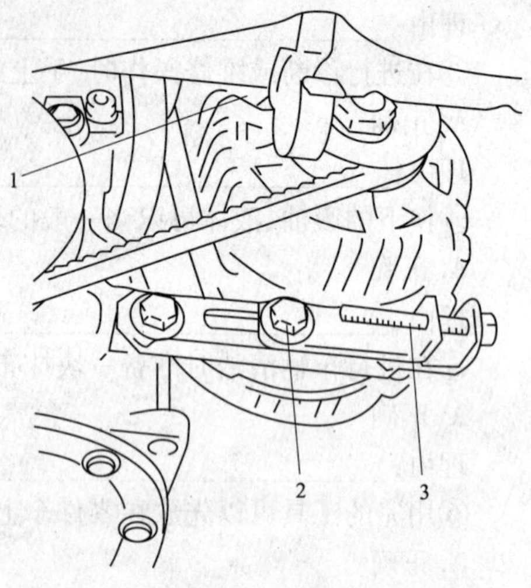

图 2-11 发电机皮带调整螺栓和锁紧螺栓

(6)发电机发电情况的检查。

①在启动之前,应确保__________是连接好的。

②启动发动机,并将转速提升到__________转,其目的是__________。

③用__________检查发电机输出端的电压,正确的电压是__________。

④如输出电压__________,则应考虑更换发电机。

引导问题 11 如何进行发电机的更换?

(1)准备图 2-12 所示的专用工具。

(2)准备皮带检查仪。

(3)举起车辆,拆卸右前轮,用专用工具拆卸塑料铆钉 1,取下挡泥板 2,如图 2-13 所示。

(4)拆下张紧轮,取下发电机皮带。

(5)拆卸发电机。

(6)装上新的发电机和皮带,调整皮带张力,方法如上所述。

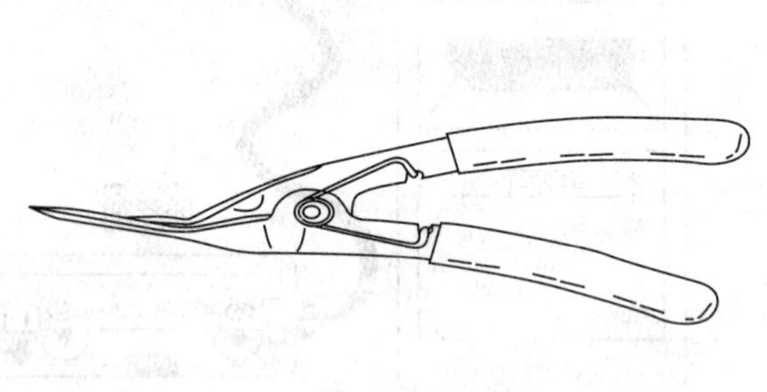
图 2-12 专用工具

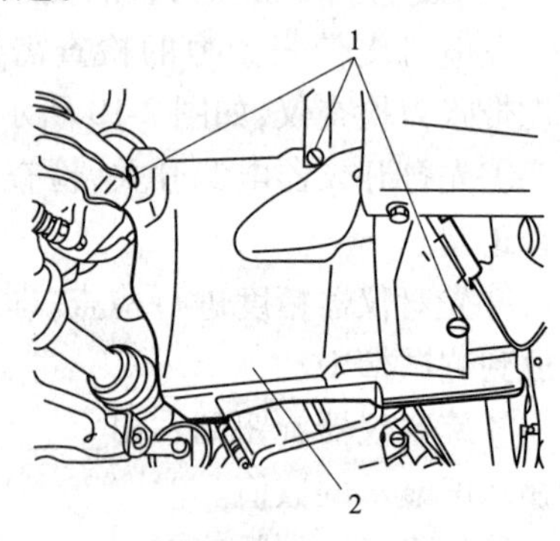

图 2-13 拆卸挡泥板

1-塑料铆钉;2-挡泥板

引导问题 12 如何正确使用电源系统?

(1)蓄电池。

①不要连续使用启动机。每次启动的时间不得超过______s,如果一次未能启动,应停顿______s 以上再作第二次启动,连续______次启动不成功者,应查明原因,排除故障后再启动

发动机。

②安装和搬运蓄电池时，应轻搬轻放，不可敲打或在地上拖拽。蓄电池在汽车上应固定牢靠，以防行车时振动和移位。

③要经常检查蓄电池的________和________情况，如发现电解液不足或蓄电池充电不足，要及时进行补充和充电。

④冬季使用蓄电池时应特别注意保持其处于充足电状态，以免电解液密度降低而__________。

（2）交流发电机。

①汽车交流发电机均为负极搭铁，蓄电池搭铁极性必须与此相同；否则，蓄电池将使整流二极管立即烧坏。

②发电机运转时，不能用____________的方法检查发电机是否发电，否则容易损坏二极管。

③一旦发现发电机不发电或充电电流很小时，就应及时找出故障并予以排除，不应再长期继续运转。

④发电机熄火时，应将点火开关断开，否则蓄电池将长期经磁场绕组和调节器放电。

⑤发电机与蓄电池之间的导线要连接可靠，如突然断开，将会产生过电压，易损坏电子元器件。

四、评价与反馈

1. 小组成果展示

简述本小组收获与体会。

（1）____

____

（2）____

____

（3）____

____

你对其他小组的建议。

（1）____

____

（2）____

____

2. 评分（表2-3）

评　分　表　　　　表2-3

考核项目	评分标准	分数	学生自评	小组互评	教师评价	小计
团队合作	是否和谐	5				
活动参与	是否积极主动	5				

续上表

考核项目	评分标准	分数	学生自评	小组互评	教师评价	小计
安全生产	有无安全隐患	10				
现场5S	是否做到	10				
任务方案	是否正确、合理	15				
操作过程	是否规范	30				
任务完成情况	是否圆满完成	5				
工具、设备使用	是否规范、标准	10				
劳动纪律	是否能严格遵守	5				
工单填写	是否完整、规范	5				
总分		100				
教师签字：			年 月 日		得分	

注意：违反操作规程，出现人身伤害或设备严重事故，本任务考核0分。

五、拓展训练

(1)除充电指示灯常亮外，充电系统常见的故障还有哪些？

(2)查阅资料，说明丰田威驰汽车、大众捷达汽车充电系统的结构特点。

(3)对于调节器单独安装的电源系统，在发电机皮带调整正常情况下，发动机启动后充电指示灯不熄灭，请写出诊断步骤及方法。

(4)简述交流发电机的解体检查方法。

学习任务3　汽车前照灯不亮故障的诊断与排除

工作情境描述

一辆装备1.6L排量、16气门发动机的爱丽舍汽车，在夜间行驶过程中，打开前照灯后发现灯光较暗，照射距离也较近，操纵变光开关灯光无变化，仪表板上的远光指示灯也不亮，驾驶员将车开到东风雪铁龙服务站，服务顾问接车后开出工单，安排你们小组解决此故障。

学习目标

1. 描述爱丽舍汽车的灯光系统电路结构特点；
2. 分析前照灯不亮故障产生的原因，能读懂给定的诊断检查方案；
3. 按照诊断流程，正确使用万用表等设备进行故障诊断，确定故障部位；
4. 根据维修手册，在20min内，安全规范地进行前照灯灯泡更换；
5. 向客户解释故障判断及处理结果；
6. 把本次诊断与排除的故障编写成案例或技术公报。

学习脉络

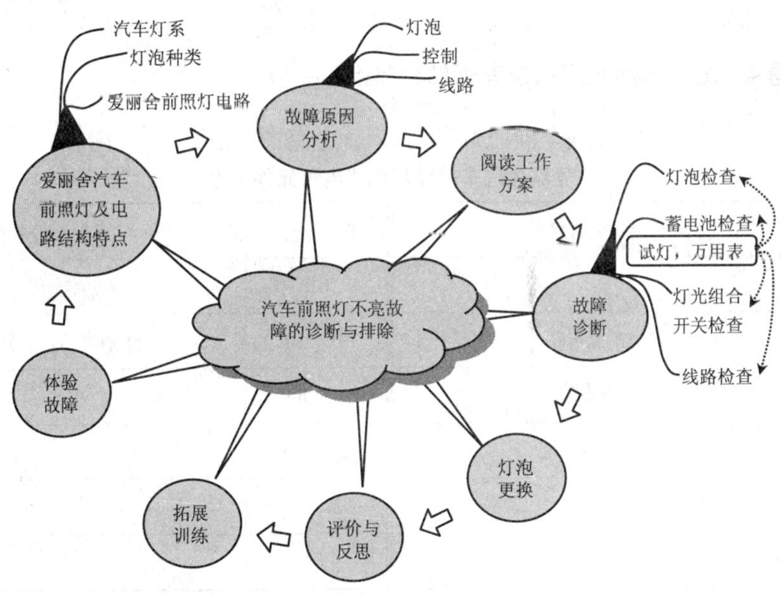

建议学习时间:6h

引导问题

一、任务准备

引导问题1　您体验到的教学车辆的故障现象是怎样的?

故障现象体验记录:____

____

____

引导问题2　汽车灯系是如何分类的?

照明装置包括:前照灯、__________、__________、__________、__________、__________。
灯光信号装置包括:转向灯、__________、__________、__________、__________、__________。

引导问题3　汽车前照灯为什么采用双丝灯泡?其工作如何控制?

(1)采用双丝灯泡的原因是:____

____

(2)工作控制:____

____

引导问题4　爱丽舍前照灯系统有何结构特点?

(1)图3-1所示为爱丽舍汽车前照灯电路,识读电路图,完成表3-1内容。

爱丽舍汽车前照灯电路电气元件清单　　表3-1

编　号	电器元件名称	编　号	电器元件名称
BB00		2615	
BF01	发动机舱熔断丝盒	13V　GR	13通道的灰色插接器
0002		5V　BA	
BF00		26V　JN	
0004		MC20	
2610			

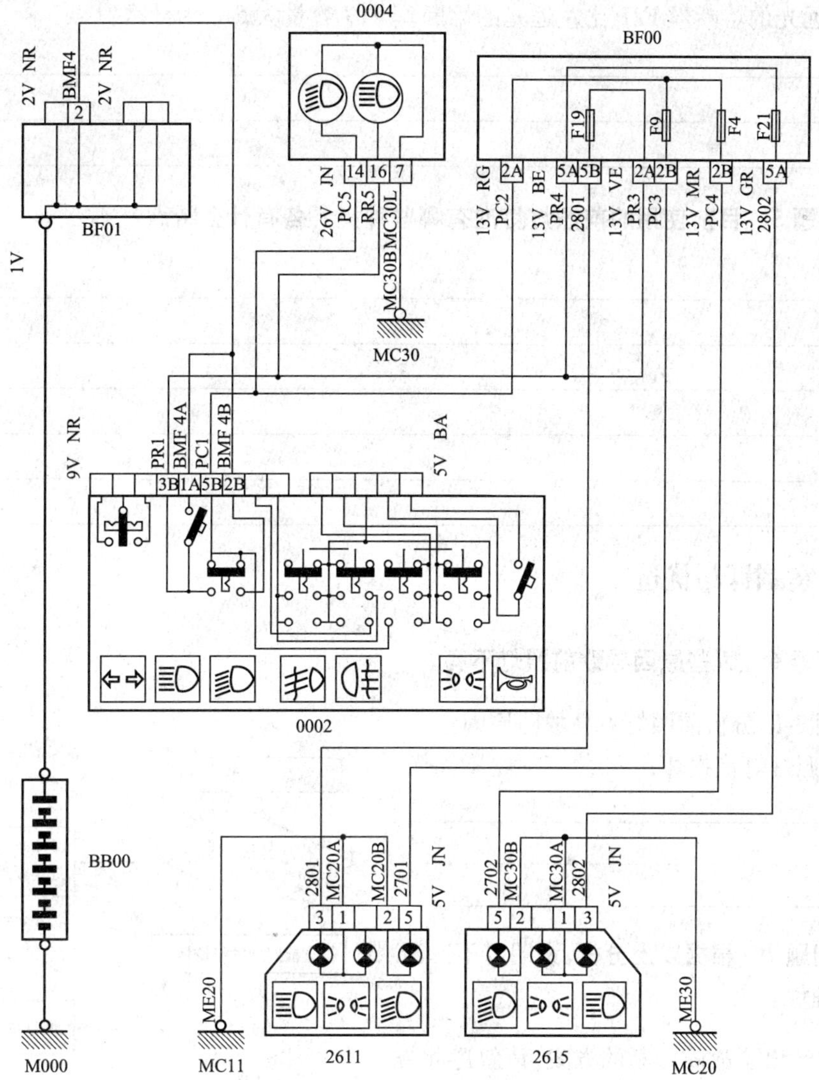

图 3-1　爱丽舍汽车前照灯电路图

（2）在车上找到熔断丝盒 BF00，在图 3-2 中（此图与熔断丝盒形状相同）画出与前照灯电路有关的熔断丝在熔断丝盒上的位置，并标明编号与额定电流。

图 3-2　座舱熔断丝盒中熔断丝的位置图

(3)右远光的熔断丝 F21 比左远光的熔断丝 F19 容量大 5A,为什么?

____

____

____

引导问题 5　目前使用的前照灯灯泡有哪些种类? 各有什么特点?

(1)____

____

(2)____

____

(3)____

____

二、方案制订与优选

引导问题 6　哪些原因导致前照灯不亮?

根据图 3-1,分析前照灯不亮故障原因:

(1)前照灯灯泡损坏;

(2)______________________

(3)______________________

(4)______________________

引导问题 7　根据以上分析,说明以下诊断流程的合理性。

图 3-3 给出了故障诊断的方案,请叙述此方案的合理性。

____

____

____

三、实施与控制

引导问题 8　汽车电路检修的注意事项有哪些?

____

____

____

双远光灯不亮
检查前照灯熔断丝是否正常
否
更换相关的前照灯熔断丝
是
检查前照灯的搭铁情况
是否正常
否
恢复搭铁正常
是
打开前照灯开关，检查前照灯的插头通电情况
是否正常
是
更换前照灯灯泡
否
检查组合开关的技术状况及开关到灯泡插头的线路
是否正常
否
更换灯光组合开关或线路
是
结束

图 3-3　故障诊断方案

引导问题9　汽车电路检修方法有直观法、断路法、短路法、试灯法等，各适用在什么场合？请填入表3-2中。

汽车电路检修方法及适用场合　　表3-2

检修方法	适用场合
直观法	
断路法	
短路法	
试灯法	

引导问题10　如何进行前照灯不亮故障的诊断？

重要提示

以下任务实施要点仅是对任务实施过程中重要环节的操作提示，非任务实施流程，请根据自己制订的方案进行操作，并对下面的操作提示进行排序。

你的排序是：________________________________

（1）列出所需设备、工具及材料清单，并备齐。

____

____

____

（2）相关线路的检查。

前照灯总成的后部结构如图3-4所示，其检查步骤如下：

①取下前照灯后的防尘套。

②拔出灯泡后的插头，把组合开关________________。

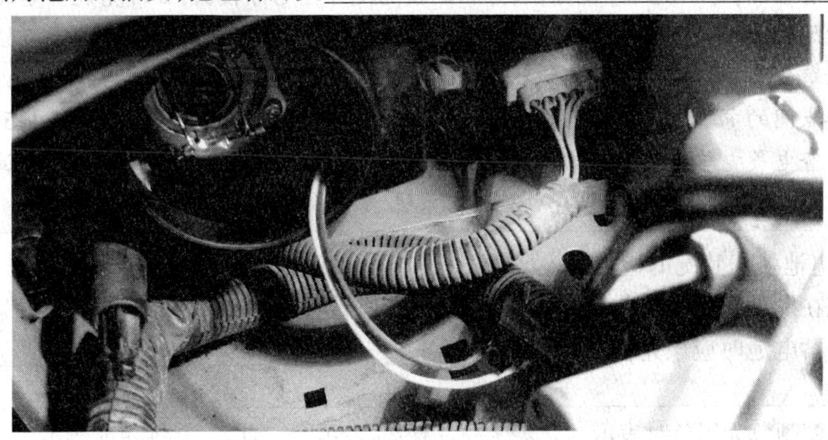

图3-4　前照灯后部结构

③用万用表的直流________挡测量左右灯线束5V JN插头的1号、5V JN插头的3号

端子的电压,填入表3-3中。

电 压 值 表3-3

端 子		测量值(V)	标准(V)	结 论
左灯	2610 的 5V JN1 号脚			
	2610 的 5V JN3 号脚			
右灯	2615 的 5V JN1 号脚			
	2615 的 5V JN3 号脚			

④在电路检查中,我们还经常用到如图3-5所示的测试灯,请叙述前照灯线路检查中如何使用测试灯。

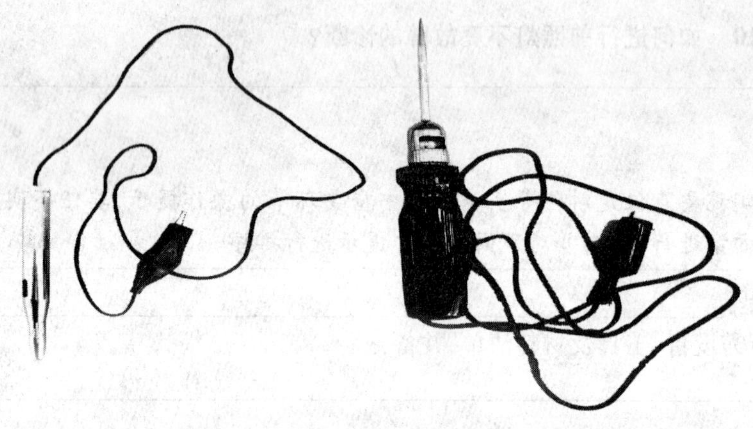

图3-5 试灯

小提示

测试灯按电源分为12V无源测试灯和12V有源测试灯。无源测试灯可用来检查电源电路各线端是否有电源,将测试灯一端搭铁,另一端接电气部件电源接头,如灯亮说明电气部件的电源电路无故障;如灯不亮,顺电源方向找出第二接点测接,如灯亮则说明电路在第二接点与电源接头间有断路故障;如灯仍不亮,继续往下点测直到灯亮为止,那故障在最后一个被测接头与上一个被测接点间的电路上,大多为断路故障。有源测试灯只是在手柄内加装两节1.5V干电池,它可用来检查电气电路断路和短路故障;如按灯泡种类可分为二极管和普通灯泡测试灯。需要注意的是:灯泡测试灯不可用于检查电子电路系统,除非维修手册中有特殊说明。

(3)蓄电池技术状况的检查。

蓄电池在发动机舱中的位置如图3-6所示,其检查步骤如下:

①检查蓄电池时应该先检查____

____。

②观察窗颜色为黑色时表示__________、白色时表示__________、绿色时表示__________。

③发现桩头有氧化物,正确的清除方法是____。

④用万用表检查蓄电池的电压为12V,但启动机仍然运转困难,那么蓄电池的存电量可能

有问题，要正确地找到原因，使用的检查仪是____。

⑤提升发动机转速至2000r/min，再测试蓄电池电压，正确的电压为__________________，如电压不正常则说明____。

图3-6　蓄电池在发动机舱中的位置

(4)熔断丝的检查。

从座舱熔断丝盒我们可以看出控制远光的熔断丝是__________和__________。

①把熔断丝拔出来所使用的工具是____。

②用万用表检查熔断丝，熔断丝的状况是____________。

(5)灯光组合开关的检查。

爱丽舍汽车前照灯组合开关如图3-7所示，其检查步骤如下：

①用______________的螺丝刀拆掉组合开关的上下盖板，并取下盖板。

②拔下_______________插头，用万用表的______________挡检查电源到插头的_______________号脚，其正确的电压为_______________，如不正常，那么检查_______________。

③插上插头，拔下后照灯插头，打开远光开关，用万用表的_______________挡检查后照灯插头的号脚和搭铁电压，如果其_______________正常，说明组合开关_______________；如果其_______________不正常，则说明组合开关损坏，需更换组合开关。

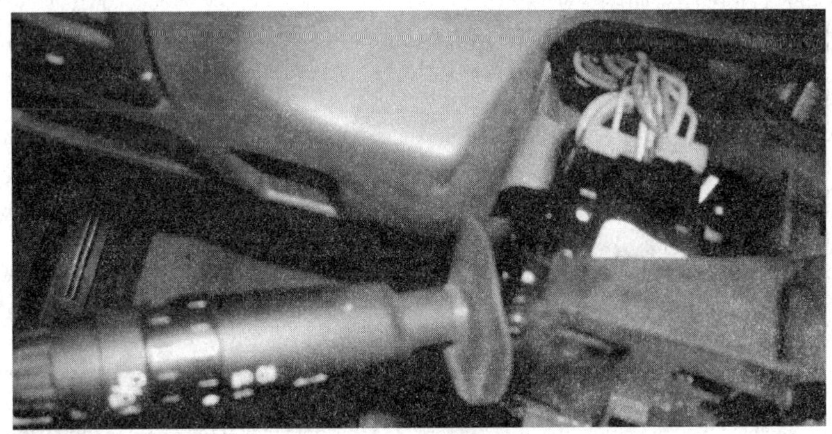

图3-7　爱丽舍灯光组合开关

引导问题 11　如何进行前照灯灯泡的更换？

(1)安全操作注意事项。

①刚熄灭的灯泡能不能直接用手取下来？为什么？

②更换灯泡时，如果灯泡上有污渍，可不可以用汽油清洗，为什么？

(2)操作步骤。

①取下远光灯的后橡胶防尘套，如图 3-8 所示。

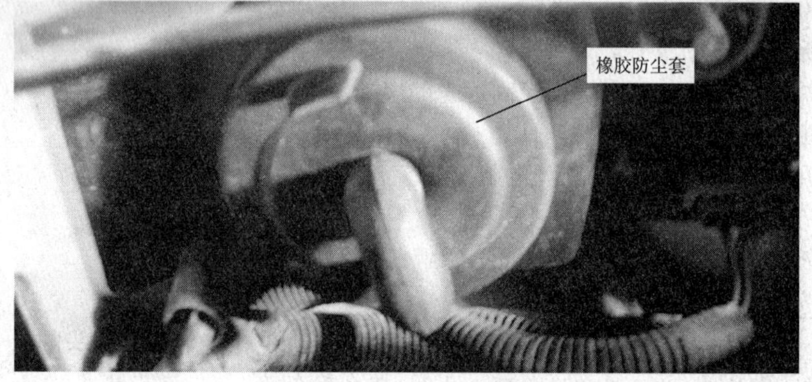

图 3-8　远光灯的后橡胶防尘套

爱丽舍前照灯后装这个防尘套的目的是____

____

②取下远光灯的插头，如图 3-9 所示。

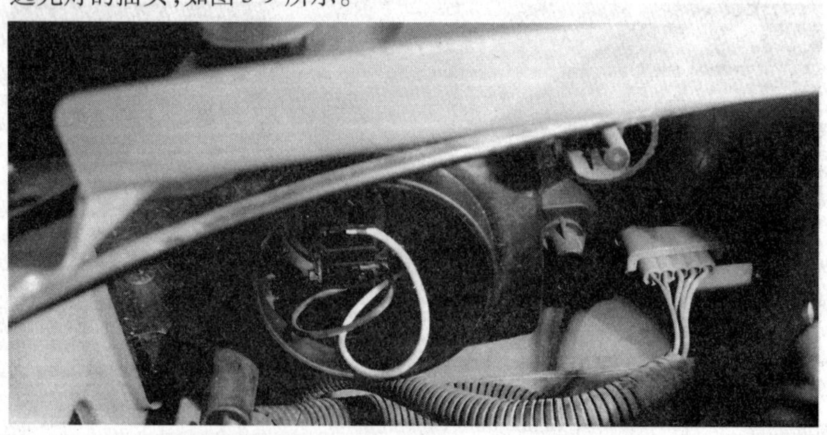

图 3-9　前照灯后部视图

拔下插头时要注意的是____

____

____

③取下远光灯后的定位卡子，如图3-10所示。

图3-10　前照灯后部视图

此卡子的定位方式是：____

拆装此定位卡应注意：____

____

④取下旧灯泡，装上新灯泡。装灯泡的时候要注意：

A. ____

B. ____

C. ____

D. ____

⑤按拆卸的相反顺序装上剩余零件。

四、评价与反馈

1. 小组成果展示

简述本小组收获与体会。

(1)____

____

(2)____

____

(3)____

____

你对其他小组的建议。

(1)____

____

(2)____

____

2. 评分(表3-4)

评 分 表　　表3-4

考核项目	评分标准	分数	学生自评	小组互评	教师评价	小计
团队合作	是否和谐	5				
活动参与	是否积极主动	5				
安全生产	有无安全隐患	10				
现场5S	是否做到	10				
任务方案	是否正确、合理	15				
操作过程	是否规范	30				
任务完成情况	是否圆满完成	5				
工具、设备使用	是否规范、标准	10				
劳动纪律	是否能严格遵守	5				
工单填写	是否完整、规范	5				
总分		100				
教师签字:			年　月　日		得分	

注意:若违反操作规程,出现人身伤害或设备严重事故,本任务考核0分。

五、拓展训练

(1)查阅资料,说明丰田威驰汽车、大众捷达汽车前照灯系统的结构与组成。

(2)如何进行汽车前照灯检测与调整?

(3)汽车前照灯的自动控制系统有哪些控制功能?

学习任务4　电动车窗不能工作故障的诊断与排除

工作情境描述

一辆装备1.6L排量、16气门发动机的爱丽舍汽车，驾驶员发现通过左前车窗升降按钮无法升降左后门玻璃，从左后按钮操作也不能升降，驾驶员将车开到东风雪铁龙服务站并与服务顾问沟通后，服务顾问开出工单要求你们小组排除此故障。

学习目标

通过学习，你应当能：

1. 描述爱丽舍汽车的电动门窗结构特点；
2. 分析电动车窗不能工作故障产生的原因，选择合理的诊断检查方案；
3. 按照诊断检查方案，正确使用万用表等设备进行故障诊断，确定故障部位；
4. 根据维修手册，在40min内，安全规范地进行左后电动车窗升降电机更换；
5. 向客户解释故障判断及处理结果；
6. 把本次诊断与排除的故障编写成案例或技术公报。

学习脉络

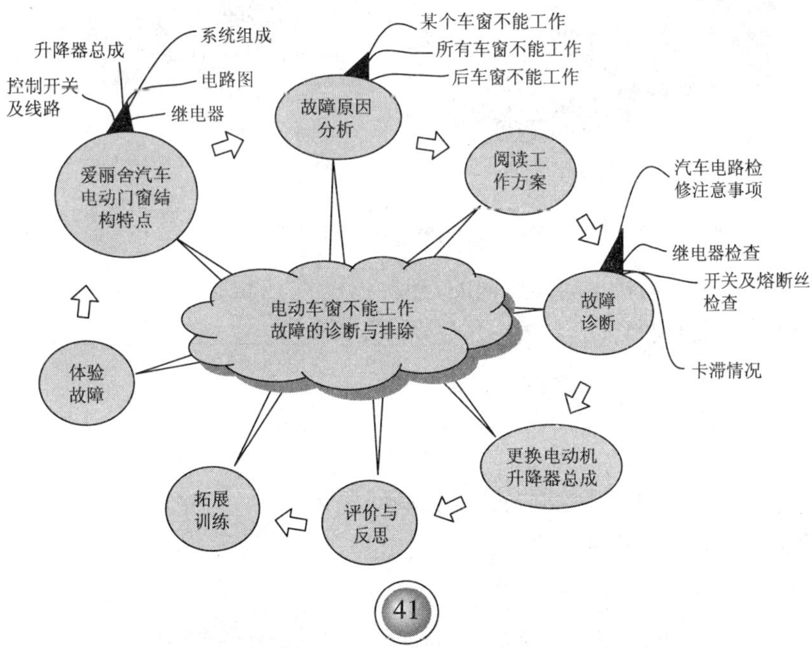

建议学习时间:4h

引导问题

一、任务准备

引导问题 1　您体验到的教学车辆的故障现象是怎样的?

故障现象体验记录:____

____

____

引导问题 2　汽车电动门窗系统有哪些基本组成?

(1)爱丽舍电动车窗升降器总成如图 4-1 所示,汽车的电动车窗系统主要由__________、__________、电动机和__________等组成。

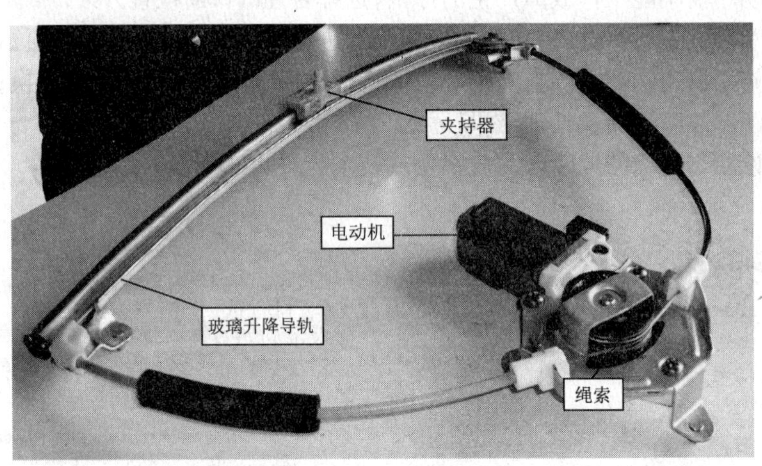

图 4-1　爱丽舍电动车窗升降器

(2)电动车窗上的电动机运动是双向的,有__________,也有__________。

(3)控制开关一般有两套,一套为__________,装在__________或__________;另一套为__________,分别安装在__________。

(4)常见的电动车窗升降机构有__________、__________、__________,其中图 4-1 所示的结构为__________。

(5)请叙述电动车窗的手动控制与自动控制的含义。

(6)爱丽舍电动车窗的控制属于____________。

引导问题3　怎样识读爱丽舍电动车窗电路图(图4-2)?

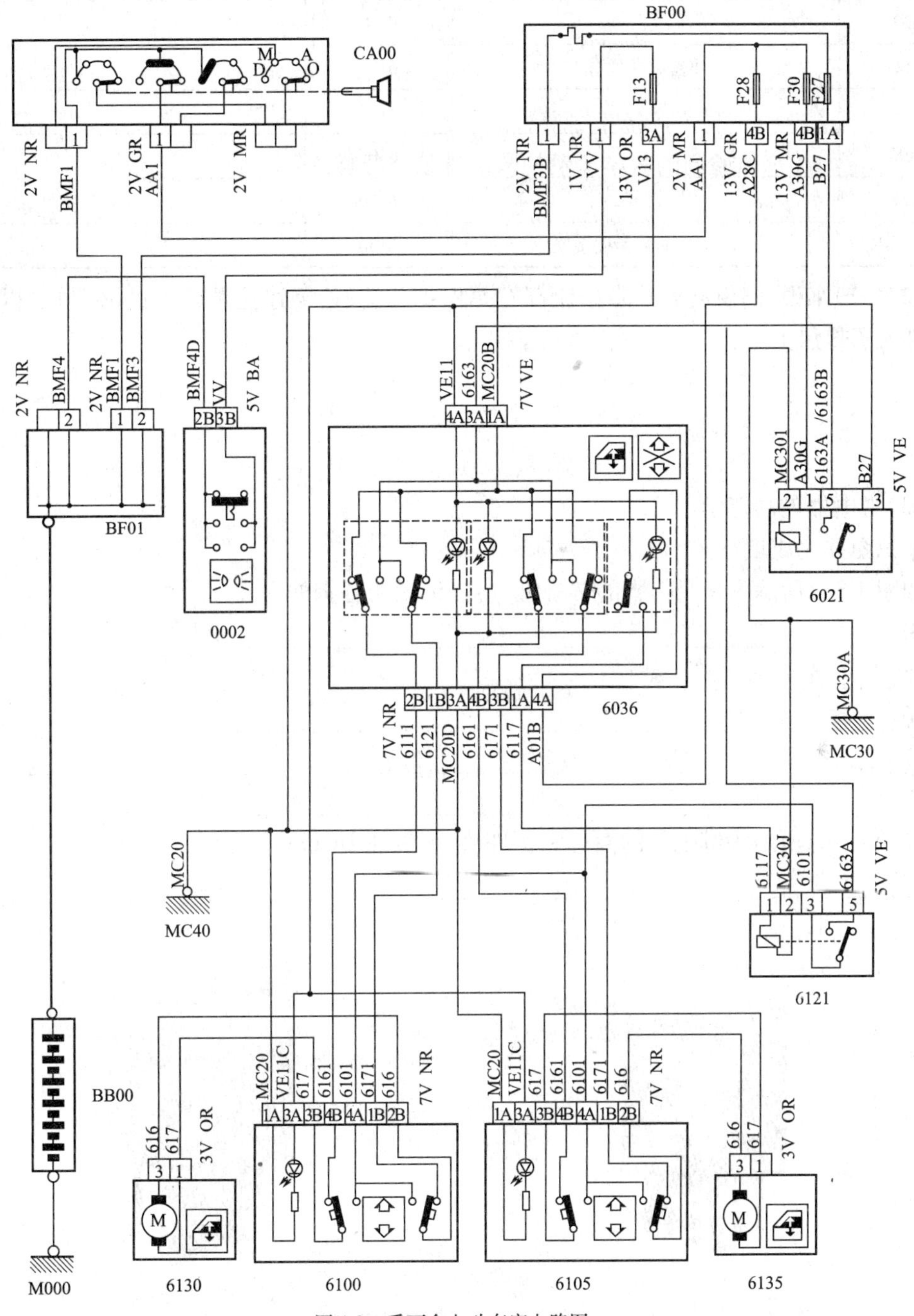

图4-2　爱丽舍电动车窗电路图

(1)根据图4-2所示,填写表4-1所列元器件名称:

电气元件清单　　表4-1

编号	电器元件名称	编号	电器元件名称
BB00	蓄电池	5V　VE	
BF01	发动机舱熔断丝盒	7V　NR　4B	
0002		MC40	
BF00	座舱熔断丝盒	6121	
6036		6135	
CA00		6105	
6021		6100	
13V　GR	13通道的灰色插接器	6130	

(2)一般来说,门窗玻璃升降按钮都有热保护功能,请阐述这种功能的必要性,以及怎样判断进入了热保护。

(3)继电器的功能学习。

①识图并完成填空。

如图4-3a)所示为一个5脚的常规继电器,请说明各脚的含义。

30 ______________________________

85 ______________________________

86 ______________________________

87 ______________________________

87a ______________________________

如图4-3b)所示为继电器的商标和备件号,请叙述DC12V 35/15A的含义:______________________________

____

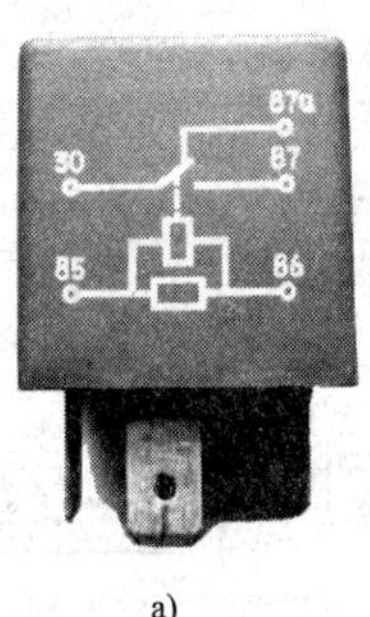

a)

b)

图4-3　继电器的外观识别

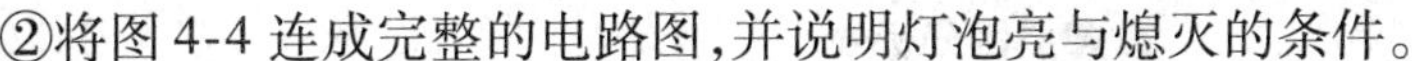

②将图4-4连成完整的电路图，并说明灯泡亮与熄灭的条件。

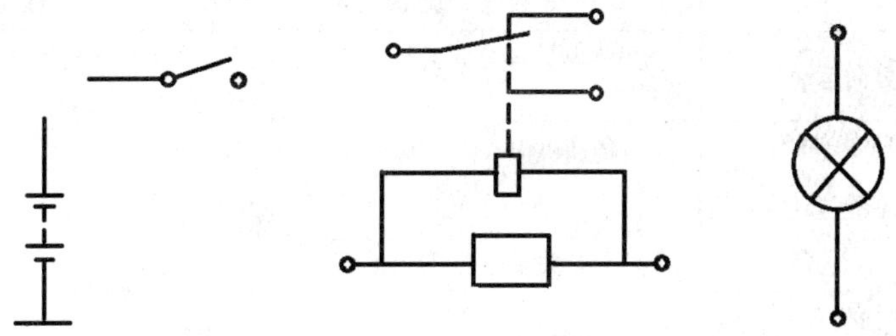

图4-4　继电器连接图

当____时，灯亮；

当____时，灯熄灭。

③图4-5所示为带保护装置的继电器，将其接线标出来，并标明正负极，说明理由。

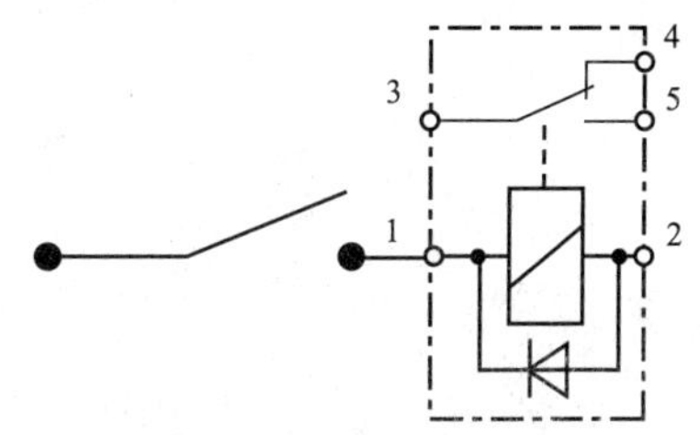

图4-5　带保护装置的继电器

(4)根据图4-2所示，请将左后电动车窗的电路简化，并画在下面(必须标明每个接线脚)。

引导问题4　驾驶员侧车窗禁动操作是如何工作的?

二、方案制订与优选

引导问题5　哪些原因导致电动车窗系统无法升降?

根据表4-2分析故障产生的原因，并将空格填上。

故障原因分析表　　表4-2

常见故障	故障原因	诊断思路
某个车窗只能向一个方向运动	分开关故障或分开关至主开关可能出现断路	检查分开关导通情况及分开关至主开关控制导线导通情况
某个车窗两个方向都不能运动	(1)传动机构卡住 (2)__________损坏 (3)继电器________、________损坏 (4)分开关至电动机断路	
所有车窗均不能升降或偶尔不能升降		
两个后车窗分开关不起作用		

引导问题6　根据以上分析,如何制订与优选方案?

图4-6给出了故障诊断的方案,请叙述此方案的合理性。

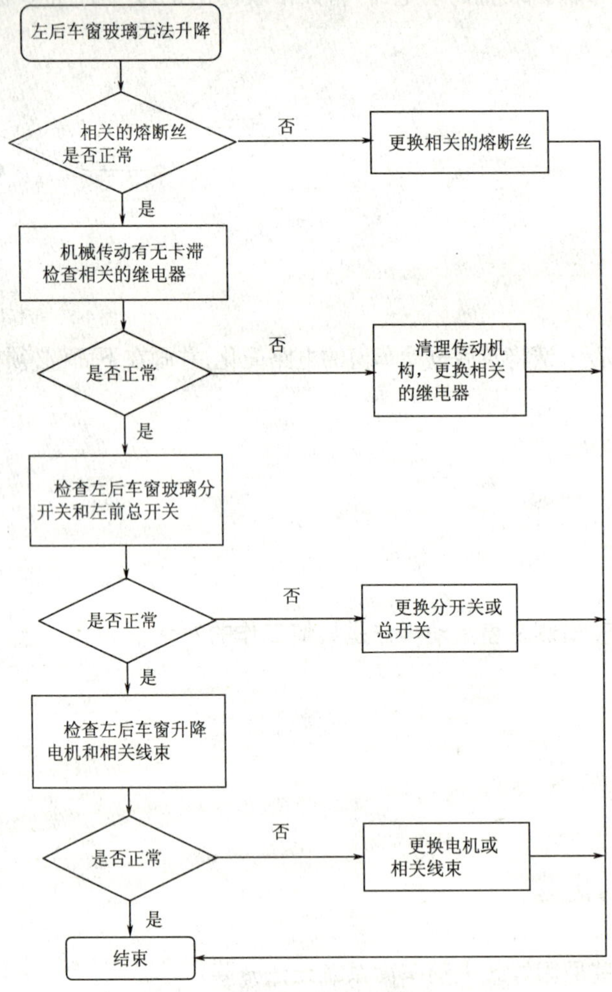

图4-6　故障诊断方案

三、实施与控制

引导问题7 汽车电路检修的注意事项有哪些?

____

____

____

引导问题8 如何进行电动车窗无法工作故障的诊断?

> **重要提示**
>
> 以下任务实施要点仅是对任务实施过程中重要环节的操作提示,非任务实施流程,请根据自己制订的方案进行操作,并对下面的操作提示进行排序。请在空着的括号里标出操作顺序。

(1)列出所需设备、工具及材料清单,并备齐。

____

____

( )电动车窗继电器的检查。

继电器的插脚如图4-7所示,请完成填空:

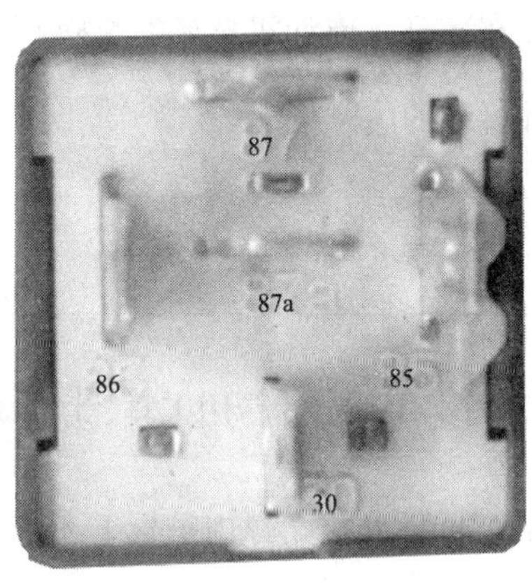

图4-7 继电器的插接脚正面

①静态检查。将万用表置于电阻________挡,测量端子________和端子________之间是否导通,若不导通,说明线圈烧坏。测量端子________和端子________是否断路,若导通说明开关触点烧结或常闭,应进行更换。

②工作状况检查。用蓄电池的正负极分别接端子________和________,然后用万用表测量端子________和________是否导通,若不导通应更换。

③继电器6021的位置是在____。

④继电器 6121 的位置是在______________________________。

(　)检查熔断丝。

检查__________熔断丝是否已熔断。

(　)电动车窗总开关的检查。

①从驾驶员侧装饰板上拆下电动车窗主控开关。

②主控开关连接器的端子如图 4-2 所示。

③用万用表的欧姆挡,检查总开关在左后车窗处于上升、下降和关闭状态时各个端子的导通情况,并完成表 4-3(将相通的端子连接起来)。

总开关各端子开通情况　　表 4-3

端子 / 位置	左后		照明	右后			禁动
	2B	1B	3A	4B	3B	1A	4A
向上							
关闭							
向下							

(　)左后分开关的检查。

用万用表的欧姆挡检查左后分开关在车窗处于上升、下降和关闭状态时各个端子的导通情况,判定好坏。

(　)检查左后车窗的升降器及玻璃是否有卡滞。

(　)检查左后车窗升降电动机技术状况是否完好。

引导问题 9　如何进行左后车窗升降电动机总成的更换?

(1)请叙述有关汽车装饰件拆装的注意事项。

____

____

____

(2)操作步骤。

①拆卸车门内饰板时需要如图 4-8 所示的专用工具,此工具的名称是______________。

②车门内饰板的拆卸。

如图 4-9 所示,将玻璃降到底部,拆卸门角撑内护板 1、螺钉 2、车门内手柄护罩 3;用 4-8

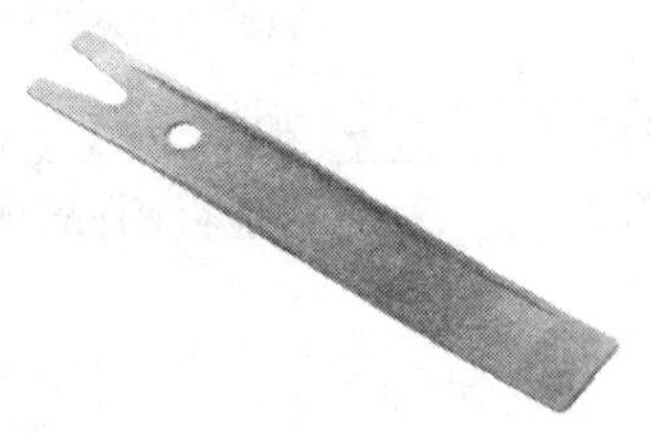

图 4-8　专用工具

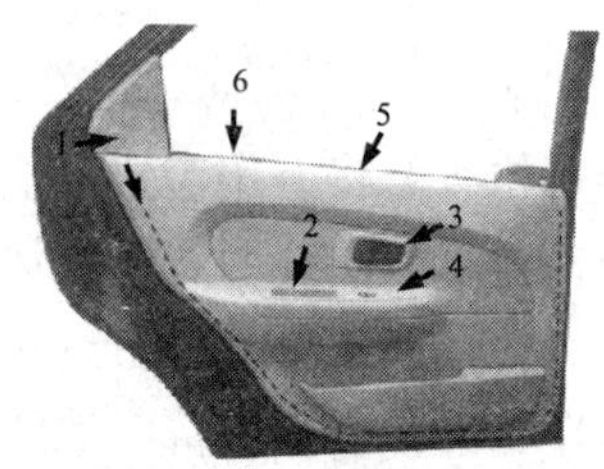

图 4-9　后车门装饰件的拆卸

专用工具从内端沿边缘向上撬起车门拉手盒4；断开＿＿＿＿＿＿；取下车门拉手盒4，用专用工具沿虚线从箭头方向脱开后门内护板卡扣；略向上将后门内护板5从玻璃内装饰条卡槽6中取出。

③车门相关线束的拆卸。

如图4-10所示，拆卸螺钉7、门角撑外护板螺钉8；扬声器＿＿＿＿＿＿，扬声器9，用螺丝刀将止推钩右端向上轻轻挑起，并沿箭头方向前推，脱开门锁拉索，取下内门把手10，钻掉a处的两个铆钉，拆掉前门拉手盒支架11；拆下＿＿＿＿＿＿12。

④玻璃升降器总成的拆卸。

如图4-11所示，从13处拆下窗内密封条和窗外密封条；从14处拆下玻璃导轨；拆下卡夹16，从上部取出玻璃；拆卸螺钉15，拆下玻璃升降器带电机总成。

⑤更换玻璃升降器带电机总成。

⑥安装。按与拆卸相反的顺序安装。

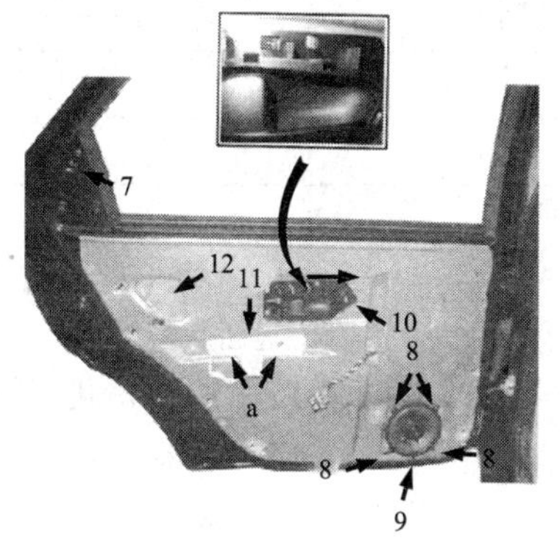

图4-10　车门相关线束的拆卸

图4-11　玻璃升降器总成的拆卸

四、评价与反馈

1. 小组成果展示

简述本小组收获与体会。

(1)＿＿＿＿＿＿＿＿＿＿＿＿＿＿＿＿＿＿＿＿＿＿＿＿＿＿＿＿＿＿

＿＿＿＿＿＿＿＿＿＿＿＿＿＿＿＿＿＿＿＿＿＿＿＿＿＿＿＿＿＿＿＿

(2)＿＿＿＿＿＿＿＿＿＿＿＿＿＿＿＿＿＿＿＿＿＿＿＿＿＿＿＿＿＿

＿＿＿＿＿＿＿＿＿＿＿＿＿＿＿＿＿＿＿＿＿＿＿＿＿＿＿＿＿＿＿＿

(3)＿＿＿＿＿＿＿＿＿＿＿＿＿＿＿＿＿＿＿＿＿＿＿＿＿＿＿＿＿＿

＿＿＿＿＿＿＿＿＿＿＿＿＿＿＿＿＿＿＿＿＿＿＿＿＿＿＿＿＿＿＿＿

你对其他小组的建议。

(1)＿＿＿＿＿＿＿＿＿＿＿＿＿＿＿＿＿＿＿＿＿＿＿＿＿＿＿＿＿＿

＿＿＿＿＿＿＿＿＿＿＿＿＿＿＿＿＿＿＿＿＿＿＿＿＿＿＿＿＿＿＿＿

(2)＿＿＿＿＿＿＿＿＿＿＿＿＿＿＿＿＿＿＿＿＿＿＿＿＿＿＿＿＿＿

＿＿＿＿＿＿＿＿＿＿＿＿＿＿＿＿＿＿＿＿＿＿＿＿＿＿＿＿＿＿＿＿

2. 评分（表4-4）

评 分 表 表4-4

考核项目	评分标准	分数	学生自评	小组互评	教师评价	小计
团队合作	是否和谐	5				
活动参与	是否积极主动	5				
安全生产	有无安全隐患	10				
现场5S	是否做到	10				
任务方案	是否正确、合理	15				
操作过程	是否规范	30				
任务完成情况	是否圆满完成	5				
工具、设备使用	是否规范、标准	10				
劳动纪律	是否能严格遵守	5				
工单填写	是否完整、规范	5				
总分		100				
教师签字：			年 月 日		得分	

注意：违反操作规程，出现人身伤害或设备严重事故，本任务考核0分。

五、拓展训练

(1)在东风雪铁龙系列车型里面，有的车型必须要做门窗玻璃升降按钮的初始化，请叙述它的做法。

(2)叙述爱丽舍中控门锁的控制过程。

(3)查阅资料叙述东风雪铁龙凯旋车型电动座椅的工作过程。

(4)查阅爱丽舍电动后视镜的电路图，叙述其工作过程。

学习任务5　发动机水温过高故障的诊断与排除

工作情境描述

一辆捷达(CIF)乘用车,发动机冷却液充足,但在车辆行驶过程中,水温表指针指示在水温表红色区域,且水温警报灯闪烁。服务顾问将该车交付给你,要求你诊断与排除该车故障,提交一份分析报告并归档。

学习目标

通过本学习任务的学习,你应当能:

1. 描述捷达发动机冷却系的结构特点,装用防冻液牌号及特性;
2. 解释发动机保持正常工作温度的重要性;
3. 能分析发动机水温过高故障产生的原因,选择合理的诊断检查方案;
4. 正确使用冷却系统泄漏检查仪、冷却液冰点测试仪等设备进行故障部位检查;
5. 根据维修手册,在120min内安全规范地完成捷达汽车冷却水泵更换;
6. 向客户解释故障判断及处理结果;
7. 把本次诊断与排除的故障编写成案例或技术公报。

学习脉络

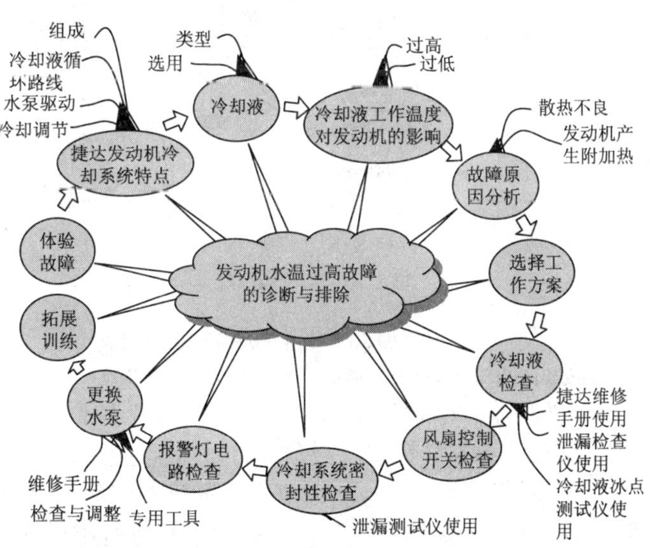

建议学习时间:8h

引导问题

一、任务准备

引导问题1　您体验到的教学车辆的故障现象是怎样的?

故障现象体验记录:____

____

____

引导问题2　捷达汽车发动机冷却系统有何结构特点?

(1)图5-1为一汽大众捷达汽车冷却系统的组成,请将段落中或元件标注部分的空白处填写完整。

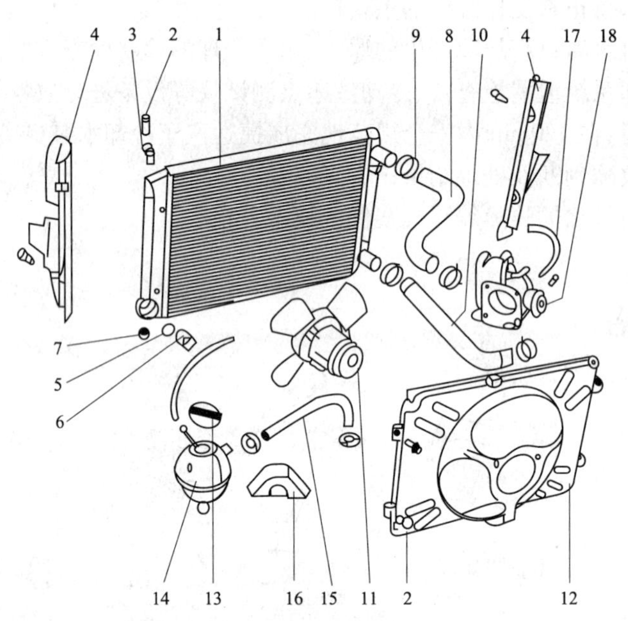

图5-1　捷达发动机冷却系统组成

1-________;2-螺栓;3-支架;4-空气导板;5-O形圈;6-________;7-橡胶垫圈;8-________;9-弹性卡箍;10-冷却液下软管;11-________;12-风扇护圈;13-冷却液膨胀箱盖;14-膨胀盖;15-接冷却液管;16-护罩;17-水管;18-________

(2)一汽大众捷达轿车发动机的冷却系统属__________冷却系统。冷却强度可通过__________和__________调节。__________调节流经散热器的冷却空气量,__________调节冷却液的循环路线。当冷却液的温度低于__________℃时,进行小循环,冷却液直接进入________

__后的水泵进口,不经__________冷却。当冷却液温度高于__________℃时,部分冷却液进行大循环;当冷却液温度达到__________℃时,全部冷却液参加大循环。大循环时冷却液流经__________冷却后,进入装在机体水泵进口处的节温器流向水泵进口。

(3)捷达汽车发动机冷却系统正常工作时的压力为____________MPa,冷却液量约为____________L。

(4)捷达两阀电喷车的水泵由__________驱动。

(5)画出捷达发动机大小循环路线简图。

引导问题3 捷达发动机冷却液有什么特点?

(1)冷却液是由__________和__________按照一定比例混合而成。按1:1混合而成的乙二醇冷却液其冰点约为__________,其沸点(在一个标准大气压下)约为__________。冷却液中还加入防锈剂和泡沫抑制剂,防止锈蚀腐蚀和水泵叶轮搅动产生气泡。使用过程中防锈剂和泡沫抑制剂会逐渐消耗,因此要定期更换冷却液。冷却液中一般加入__________,以便识别。冷却系统总容积为__________;防冻剂比例不可超过__________,否则会降低防冻、防腐和冷却能力。

(2)捷达汽车使用的冷却液是__________。

(3)冷却液推荐混合比,见表5-1。

冷却液推荐混合比　　表5-1

防冻温度	防冻剂比例	G11或G12	水
-25℃	40%	2.4L	3.6L
-35℃	50%	3.0L	3.0L

(4)加注冷却液时,防冻剂的比例过高或过低对发动机冷却性能有什么样的影响?

①防冻剂比例过高:______________________________

②防冻剂比例过低:______________________________

引导问题4 冷却液温度过高过低对发动机工作性能有什么样的影响?

(1)发动机正常工作情况下,冷却液的温度为____________________。

(2)冷却液温度过高过低对发动机工作性能有何影响?

____

____

____

引导问题5 冷却系统和空调加热系统有什么关系?

一般汽车空调__________设置热源,而是把发动机的__________引入暖风散热器,空气流经__________时被加热。加热系统还可以对前风窗玻璃__________。

二、方案制订与优选

引导问题 6　哪些原因可导致发动机水温过高?

发动机水温过高主要有两个方面的原因,首先是冷却系统__________,其次是发动机__________。其具体原因有:

(1)风扇皮带太松或因油污而打滑;

(2)______________________________;

(3)______________________________;

(4)______________________________;

(5)______________________________;

(6)______________________________。

引导问题 7　如何制订与优选工作方案?

(1)根据以上分析,请制订出三种解决发动机水温过高故障的方案。

方案 A

方案 B

方案 C

(2)从以上三种方案中择优选择其中的一种,并说明理由。

你选择方案________,理由是______________________________

____

____

三、实施与控制

重要提示

以下任务实施要点仅是对任务实施过程中重要环节的操作提示，非任务实施流程，请根据自己制订的方案进行操作。

小知识：如何使用捷达维修手册？

(1)每本手册的封面列有车型年度、卷号、所包括的内容、车型系列和一个按字母顺序排列的索引。你可以利用这些信息确认你所需要的维修手册。

(2)在手册的开始部分设有横向参考索引，它列出所有的手册代号、内容和所涉及的车型。你可以利用任何《车辆维修手册》中的横向参考索引寻找你所需要的某一卷册。目录中所包括的内容是按组号排列的。在每一组号旁都设有参考标记，这些标记与手册正文中的表标记相对应，有助于寻找某一特定组的内容。手册中的正文是按组号和章节号的顺序来排列的。手册中每一组都有一个索引，列出该组中每一章的标题和该组每一章的页号。每页的页号是以组号—章节号—页号的形式排列。

引导问题8　如何判断冷却液的量和浓度是否正常？

(1)发动机冷却液量的检查。

①准备工作。

检查举升机　□任务完成

车辆开进工位　□任务完成

停车，打开发动机罩　□任务完成

铺上护套　□任务完成

确定顶车位置　□任务完成

稍微举升车辆　□任务完成

检查车辆是否平稳　□任务完成

②发动机冷却液量的检查如图5-2所示。

a. 检测发动机冷却液量的条件为：________________

b. 如何判断发动机冷却液量是否正常？

____

____

检查结果：发动机冷却液量是否正常(是、否)？ __________

(2)发动机冷却液浓度的判断如图5-3所示。冷却液浓度判断需要使用专用工具__________，代号为T10007。

①准备工作。

max
min

图5-2　发动机冷却液量的检查

列出所需设备、工具及材料清单：

____

____

____

②操作步骤及方法。

a. 用滴定管将冷却液吸出滴到 T10007 的玻璃上；

b. ____；

c. ____。

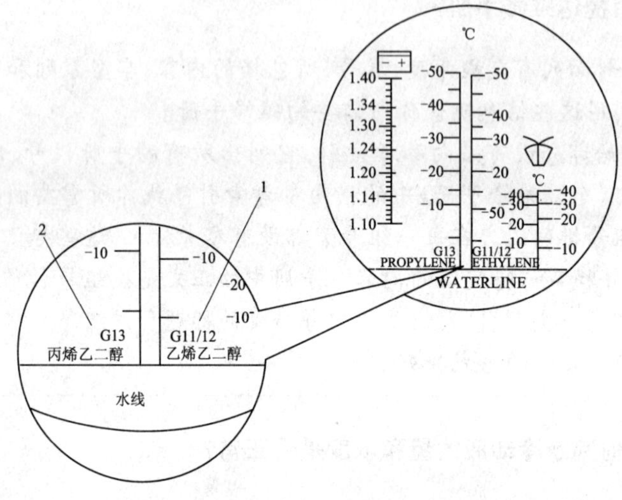

图 5-3　发动机冷却液浓度的检查

③冷却液质量的检测。

a. 检查膨胀罐盖或散热器加水孔四周，不应有过多的铁锈或水垢沉积，冷却液中不能有机油。

b. 如果冷却液太脏，则应更换冷却液。

检查结果：发动机冷却液浓度是否正常（是、否）？ ________

小知识：专用工具 T10007 使用说明

（1）从亮暗分界线读出检查的精确值，用滴定管将一滴水滴到玻璃上，以便使亮暗界线更清楚，从而在水线上清楚地识别亮暗界线；

（2）防冻能力至少保证 -25℃（在寒带地区要达到 -35℃）；

（3）冷却液添加剂，不仅防锈防腐蚀及防钙物质沉淀，而且提高沸点温度，因此，应常年添加这种防锈防腐剂；

（4）尤其在热带地区，冷却液沸点提高，从而保证发动机大负荷下的工作可靠性；

（5）即使在比较温暖的季节及温带地区，也不能加水稀释冷却液浓度，冷却液添加剂至少保证占 40%。

④检查冷却系统时有哪些注意事项？

a. ____;

b. ____;

c. 与发热或运动部件之间，应留有足够的间隙；

d. 以弹性卡箍紧固的软管，维修后必须以弹性卡箍紧固；

e. 任何情况下，添加剂的比例不能低于__________，T10007 用以测定防冻剂密度。

引导问题9　如何进行冷却风扇温控开关的检测？

(1)准备工作。

列出所需设备、工具及材料清单：

____

____

____

(2)操作步骤及方法。

①从发动机上拆下水温开关，见图5-4a)。

②用________检查水温开关的导通性，当冷却液温度高于________时，冷却系统温控开关导线接头之间应导通；当冷却液温度低于________时，温控开关导线接头之间应不导通，如图5-4b)所示。如果导通情况不符合规定，则应更换水温开关。

③____。

④重新加注发动机冷却液，启动发动机并检查冷却液有无泄漏。

检查结果：温控开关是否完好？□是　　□否

a)　　　　b)

图5-4　水温开关的检测

引导问题10　如何检测冷却系统的密封性？

(1)准备工作。

列出所需设备、工具及材料清单：

____

____

____

小知识:检查仪器 V. A. G1274 系列专用工具简介

V. A. G1274 检查仪器是用来检测冷却系统密封性以及检测冷却系统部分零部件工作性能好坏的一种专用工具,与之相连接的是 V. A. G1274 系列专用工具,用来连接 V. A. G1274 与冷却系统,在对大众车系的冷却系统维修作业的时候,根据不同的车型和具体的作业项目来选择相应的连接工具,如图 5-5b)所示。

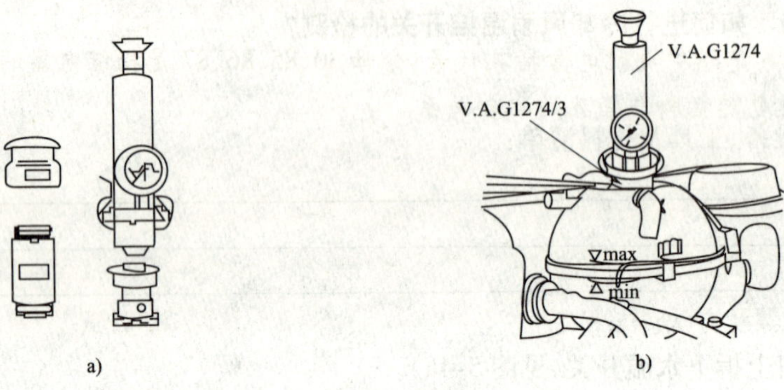

图 5-5　V. A. G1274 系列专用工具简介

a)检查仪器 V. A. G1274;b)V. A. G1274 和 V. A. G1274/3 组合使用

(2)操作方法与步骤。

①将检查仪器 V. A. G1274 和 V. A. G1274/3 转接器接在膨胀箱盖上,如图 5-6 所示。

②＿＿＿＿＿＿＿＿＿＿＿＿＿＿＿＿＿＿＿＿＿＿＿＿。

③＿＿＿＿＿＿＿＿＿＿＿＿＿＿＿＿＿＿＿＿＿＿＿＿。

检测结果:冷却系统是否出现泄漏?(是、否)＿＿＿＿＿＿

(3)检测冷却系统的密封性需要注意哪些问题?

＿＿＿＿＿＿＿＿＿＿＿＿＿＿＿＿＿＿＿＿＿＿＿＿＿＿＿＿

＿＿＿＿＿＿＿＿＿＿＿＿＿＿＿＿＿＿＿＿＿＿＿＿＿＿＿＿

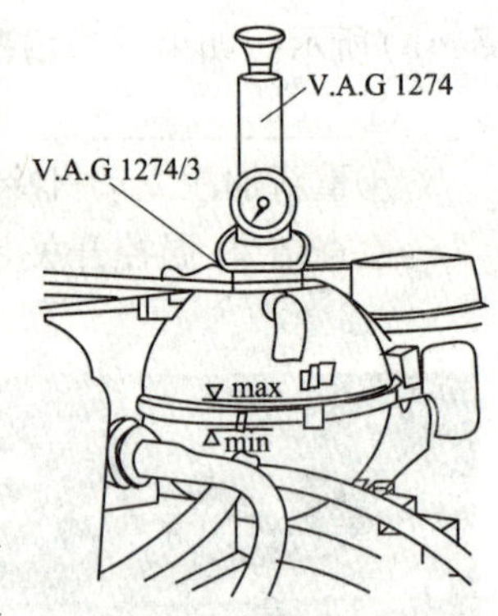

图 5-6　冷却系统密封性检查

引导问题 11　如何进行发动机水温警报灯电路的检查?

小知识:捷达轿车电路图的特点

(1)接点标记具有固定的含义。

在大众汽车电路图中,经常遇到接点标记的数字及字母,它们具有固定的含义。如数字 30 代表的是来自蓄电池正极的供电线;数字 31 代表搭铁线;数字 15 代表来自点火开关的点火供电线;数字 50 代表点火开关在启动挡时的启动供电线;X 代表受控的大容量用电设备供电线(来自卸荷继电器的供电线)等。无论这些标记出现在电路的什么地方,相同的标记都代表相同的接点。

(2)所有电路都是纵向排列,不互相交叉。

大众公司汽车电路图采用了断线代号法来处理线路复杂交错的问题。例如，假设某一条线路上半段在电路序号为61的位置上，下半段在电路接续号为84的位置上。这时，在电路上半段的终止处画一个标有84的小方格，在下半段电路的开始处也有一小方格，内标有61，通过61和84就可以将上、下半段电路连在一起了。

(3)整个电路以中央配电盒为中心。

大众公司汽车电路图在表示线路走向的同时，还表达了线路的结构情况。中央配电盒的正向插有各种继电器和熔断器。在电路图上的继电器标有2/30、3/87、4/86、6/85等数字，其中分子数2、3、4、6是指中央配电盒插孔代号，分母30、85、86、87是指继电器的插脚代号。2/30就表示出了继电器插脚与插孔的配合关系。

(1)作业准备。

列出所需设备、工具及材料清单：

万用表，跨接导线，绝缘胶带，______________________________

____

____

(2)在大众车系中，中央配电盒中的“30”、“15”“X”、“31”分别表示什么？

30 ______________________________

15 ______________________________

X ______________________________

31 ______________________________

(3)操作步骤及方法：

①______________________________

②______________________________

③______________________________

根据维修手册画出水温警报灯工作时的工作原理电路简图。

检测结果：冷却液警报灯线路是否出现故障？(是、否)____________

引导问题12　如何进行水泵更换作业？

(1)准备工作。

列出所需设备、工具及材料清单：

____

____

____

(2)水泵的拆卸(图5-7)操作方法与步骤：

①放出冷却液；

②____;
③____;
④____。

(3)水泵的安装(图5-8)操作方法与步骤,安装步骤是:

①____;
②____;
③____;
④____;
⑤加注冷却液;
⑥____。

图5-7 拆卸冷却水泵
1-紧固螺栓;2-水泵

图5-8 安装水泵
1-紧固螺栓;2-水泵;3-O形圈

(4)水泵拆装和安装时需要注意哪些事项?

____

____

____

(5)由于两阀捷达电喷发动机水泵由同步带传递动力,更换水泵时不能改变发动机配气正时,请描述其操作的步骤。

____

____

____

配气正时必备的专用工具、检测仪和辅助工具有:______________________________

____

____

①拆卸同步带的步骤和方法:

a. 拆下空气滤清器,拆下多楔皮带和张紧装置;
b. 用专用工具按发动机旋转方向转动曲轴多楔皮带轮,见图5-9;
c. ____________,见图5-10;
d. 拆下曲轴多楔皮带轮级齿形皮带的中护罩和下护罩;
e. ____;

f. 取下同步带。

②安装同步带的步骤和方法：

a. 将凸轮轴带轮上的标记与扇形挡板上的标记对齐，见图5-10；

b. ______________________________;

c. ______________________________;

d. ______________________________;

e. ______________________________。

正时专用工具

图5-9　正时专用工具及使用方法

OT

图5-10　带轮标记与基准点标记对准

③同步带的张紧方法：

a. 用工具按图5-11所示的剪头方向，旋转张紧轮上的偏心部分；

b. ______________________________;

c. ______________________________。

基准点

指针

图5-11　同步带的张紧

四、评价与反馈

1. 小组成果展示

简述本小组收获与体会。

(1) ______________________________

____

(2) ______________________________

____

(3) ______________________________

____

你对其他小组的建议。

(1) ______________________________

____

(2)____

____

2. 评分(表 5-2)

评 分 表　　表 5-2

考核项目	评分标准	分数	学生自评	小组互评	教师评价	小计
团队合作	是否和谐	5				
活动参与	是否积极主动	5				
安全生产	有无安全隐患	10				
现场 5S	是否做到	10				
任务方案	是否正确、合理	15				
操作过程	是否正确	30				
任务完成情况	是否顺利完成	5				
工具、设备使用	是否正确、合理	10				
劳动纪律	是否能严格遵守	5				
工单填写	是否完整、规范	5				
总分		100				
教师签字:		年　月　日			得分	

注意:违反操作规程,出现人身伤害或设备严重事故,本情境考核 0 分。

五、典型案例

汽缸垫损坏造成水温过高

车　　型:捷达 CIF

故障现象:车辆行驶 20km 左右水温警告灯报警。

故障检查:根据该车水温报警系统控制原理分析,此故障有两种情况:

(1)电路控制系统出现故障。

(2)冷却循环系统出现故障。

首先检查电路系统,用万用表测量其控制线束没有断路和短路情况,然后更换水温传感器和仪表总成,但故障依旧,显然故障在冷却循环系统。将发动机加速运转达到 2500r/min,半小时后尚未出现故障。接着开车出厂试车,当车行驶出 22km 时水温灯突然报警。然后,停下车检查发现冷却液低于水位下线,且打开水箱盖时冷却液往上返,接着将冷却液加至适当位置,把车开回服务站,检查发现水泵泵头有一定旷动,更换后还是原样;又将水箱和加水管更换后故障仍未排除。最后,将缸盖拆下,检查缸垫,发现四缸水道口与缸套压边有一小道水锈,导致冷却液在发动机长时间运转时缓慢泄入缸筒内以至循环系统不能正常运转,最终致使水温升高,水温灯报警。

故障排除:将所有备件还原,更换汽缸垫,开车出厂后行驶 40km 以外一切反应都正常,故障排除。

六、拓展训练

(1)归纳总结丰田威驰、东风雪铁龙爱丽舍、宝马 740L 汽车冷却系统的特点。

(2)发动机过冷故障的原因有哪些?

学习任务6　汽车离合器分离不彻底故障的诊断与排除

工作情境描述

一辆丰田威驰汽车，行驶里程49482km，当发动机怠速运转时，离合器踏板已踩到底，但挂挡仍很困难，变速齿轮有撞击声。偶尔挂上挡后，尚未放松离合器踏板，汽车已行驶或熄火。车主将车开到4S店，服务顾问初步判断为离合器故障，请你作进一步的故障诊确认并排除故障。

学习目标

通过学习，你应当能：

1. 描述丰田威驰汽车离合器的结构与特点，辨别离合器分离不彻底的故障现象；
2. 分析故障产生的原因，选择合理的诊断检查方案，正确进行故障部位检查；
3. 按照维修手册，在30min内完成离合器自由行程的调整和液压系统排空气的操作；
4. 按照维修手册，在120min内安全规范地完成离合器总成的更换，操作过程中严格执行5S；
5. 向客户解释故障判断及处理结果；
6. 把本次诊断与排除的故障编写成案例或技术公报。

学习脉络

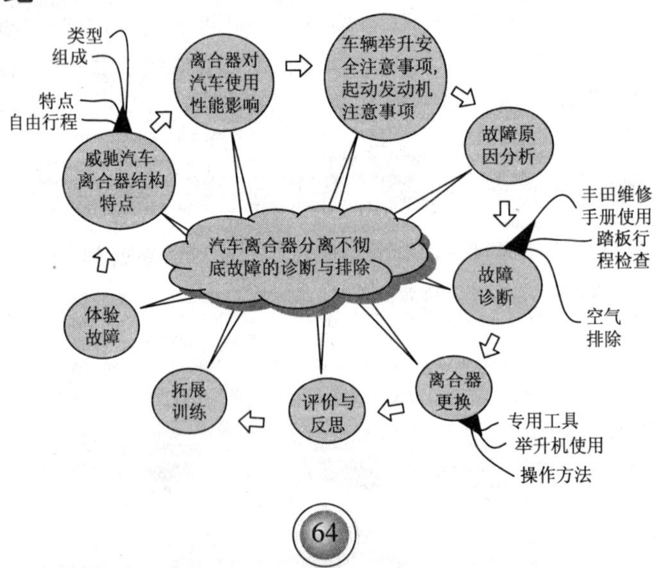

建议学习时间:12h

引导问题

一、任务准备

引导问题1　您体验到的车辆的故障现象是怎样的?

故障现象体验记录:____。

引导问题2　丰田威驰汽车离合器有何结构特点?

(1)丰田威驰汽车采用什么类型的离合器?

丰田威驰汽车离合器类型为________________。

(2)请补充填写离合器系统包含的元器件名称,如图6-1、图6-2所示。

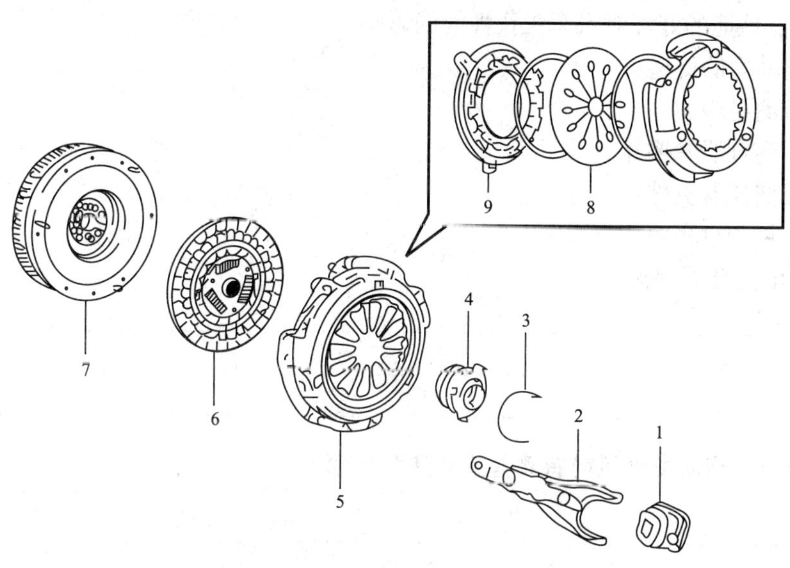

图6-1　离合器分解图

1-护套;2-________;3-夹头;4-________;5-压盘总成;6-________;7-飞轮;8-________;9-压盘

(3)此类离合器系统有何特点?

____

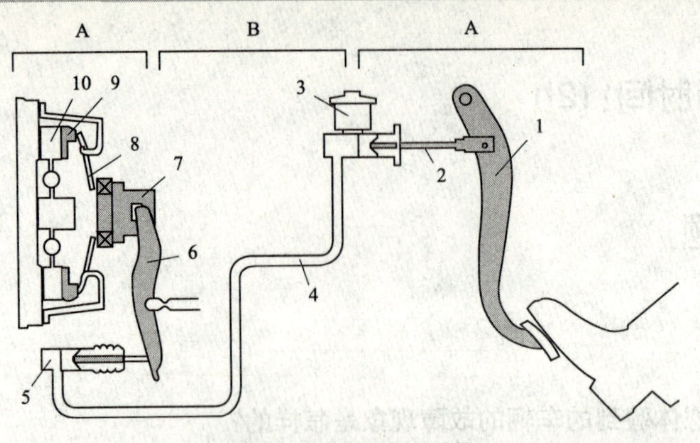

图6-2　离合器系统元器件

A-机械部分；B-________

1-________；2-推杆；3-________ 4-液压软管；5-________；6-分离叉；7-分离弹簧；8-膜片弹簧；9-压盘；10-________

(4)请叙述离合器踏板的自由行程的含义。

____

____

____

引导问题3　离合器的好坏对汽车工作性能有什么样的影响？

(1)离合器性能的好坏对汽车工作性能的影响：

□　影响动力的传递

□　燃料消耗增加

□　烧坏离合器摩擦片

□　损坏变速器机件

□　汽车行驶过程中产生噪声

(2)请列出离合器常见故障。

____

____

____

引导问题4　启动发动机前有哪些安全注意事项？

____

____

____

引导问题5　丰田威驰汽车在举升过程中有哪些注意事项？

____

____

____

(1)请在图6-3中标注出车辆举升位置和车辆重心。

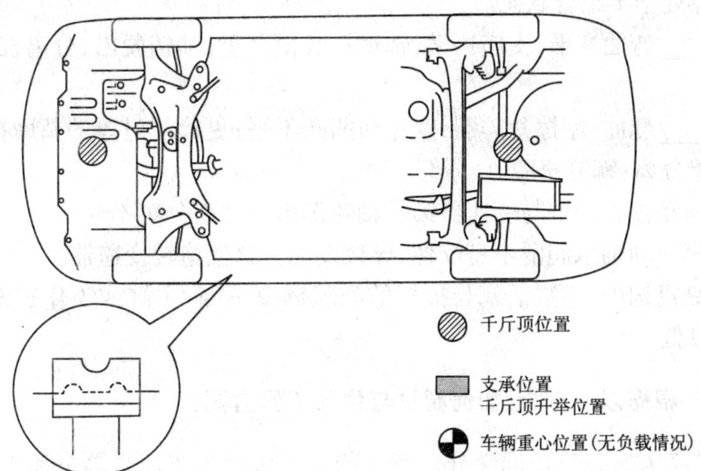

图6-3　车辆举升位置

(2)请说明丰田威驰汽车在举升前的准备工作。

____

____

____

(3)请查阅丰田威驰汽车维修手册,说明采用平板式举升机的注意事项,并在图6-4中标注支撑块尺寸。

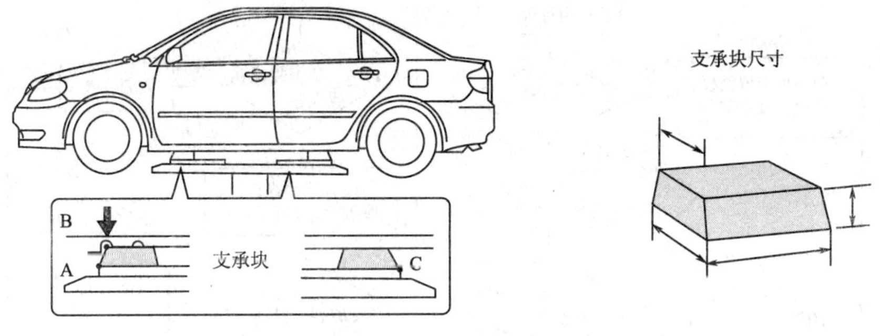

图6-4　平板式举升机使用

____

____

____

二、方案制订与优选

引导问题6　哪些原因可能导致离合器分离不彻底故障?

丰田威驰汽车离合器分离不彻底故障原因分析,请填写空白部分。

(1)离合器踏板__________过大,工作行程太小,使压盘后移不足,不能完全解除从动盘的压紧力,离合器处于半结合状态。

(2)__________弯曲变形,支座松动,轴销孔磨损严重,轴销脱出,分离杠杆与分离轴承的接触面高低不一。

(3)__________翘曲,摩擦片碎裂,摩擦面凹凸不平;更换了过厚的新摩擦片,从动盘正反面装错,使其不能分离;铆钉松脱。

(4)离合器从动盘毂键槽与变速器第一轴花键齿锈蚀而分离不开。

(5)变速器第一轴轴承润滑不良咬住,导致发动机直接拖转变速器。

(6)液压操纵机构中,主缸活塞与推杆的间隙调整不当;主缸或工作缸漏油;油路中有空气,使工作油压过低。

引导问题7　根据以上分析,如何制订与优选工作方案?

图6-5～图6-7方案是三位同学分别制订的丰田威驰汽车离合器分离不彻底故障的诊断流程,请你选择方案并说明你选择该方案的原因。

你最终选择的方案为__________。

请说明你选择本方案的原因:____

____

____

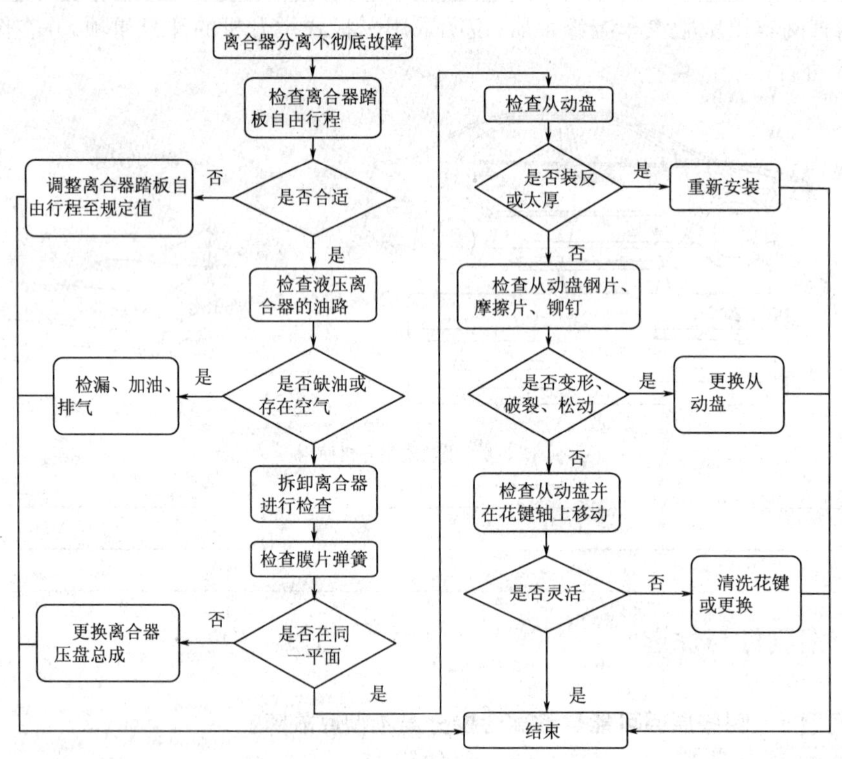

图6-5　方案流程图(1)

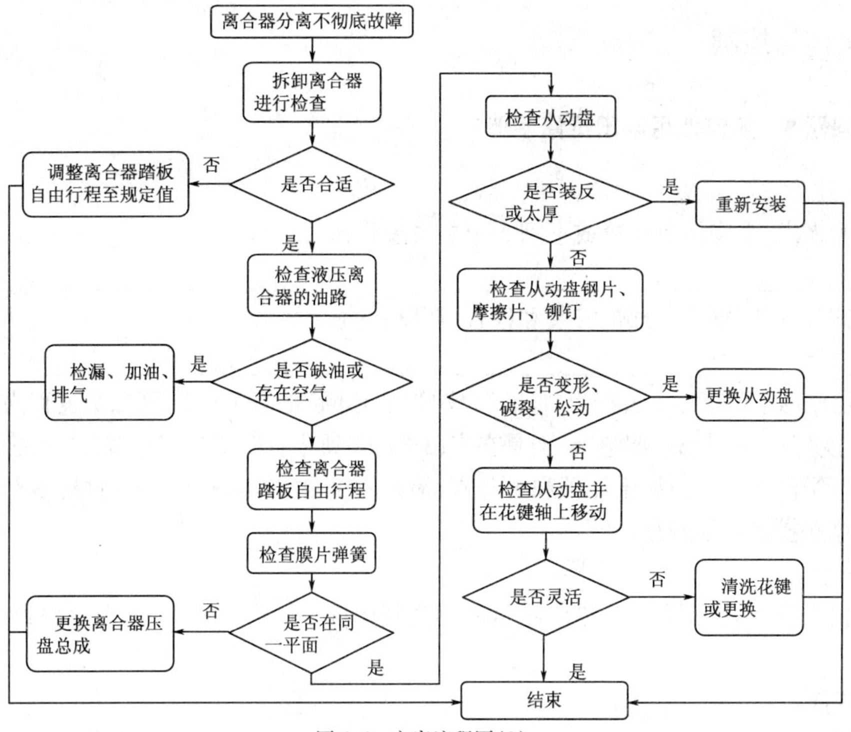

图6-6　方案流程图(2)

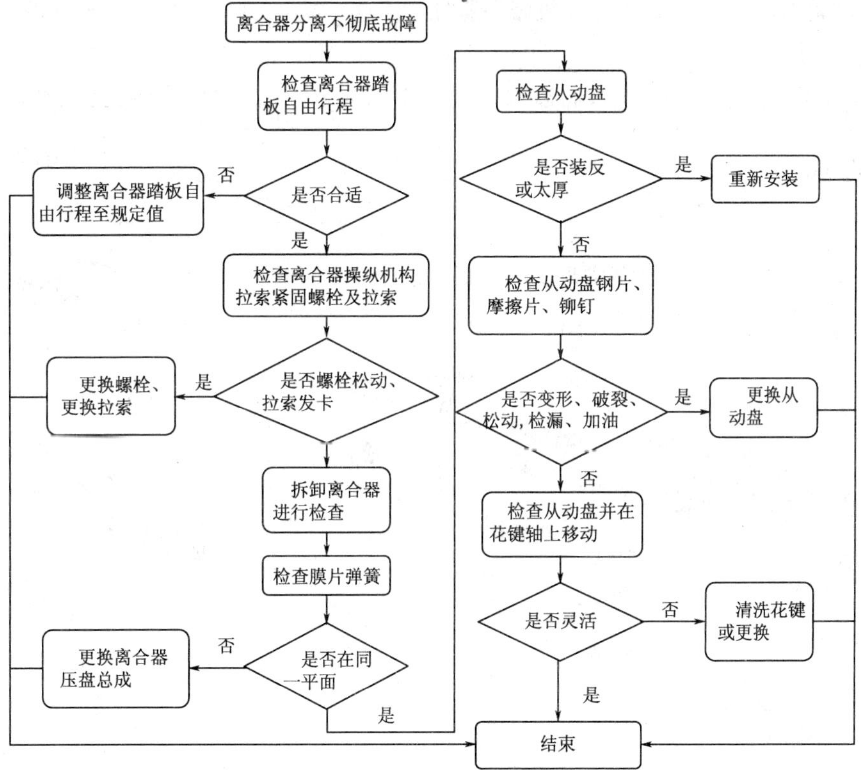

图6-7　方案流程图(3)

三、实施与控制

引导问题8　如何使用丰田维修手册？

(1)概述。

①一般来说,维修作业可分成下列3个主要过程：

a. ____________________；

b. 拆卸和安装,更换,分解,安装和检查,调整；

c. ____________________。

②丰田维修手册第一个过程为“诊断”(安排在“诊断”的章节中)；第二个过程为“拆卸和安装,更换,分解,安装和检查,调整”。但是在丰田维修手册中省略了第三个过程“最终检查”。

③丰田维修手册不包括千斤顶和举升机、清洗零部件、车辆外观检查的基本操作,但在实际维修中这些操作必须进行。

(2)索引。

在丰田维修手册的书末,将维修项目的英文翻译首字母作为索引,引导你找到需要修理的内容。

(3)准备。

根据修理情况,可能需要使用__________(SST)和__________(SSM),一定要按要求使用SST和SSM及正确遵守工作程序。在丰田维修手册“准备”这一章中,列出了SST和SSM的一览表。

(4)维修程序。

离合器部件图如图6-8所示,通过阅读部件图,把在图中所了解到的信息列举出来。

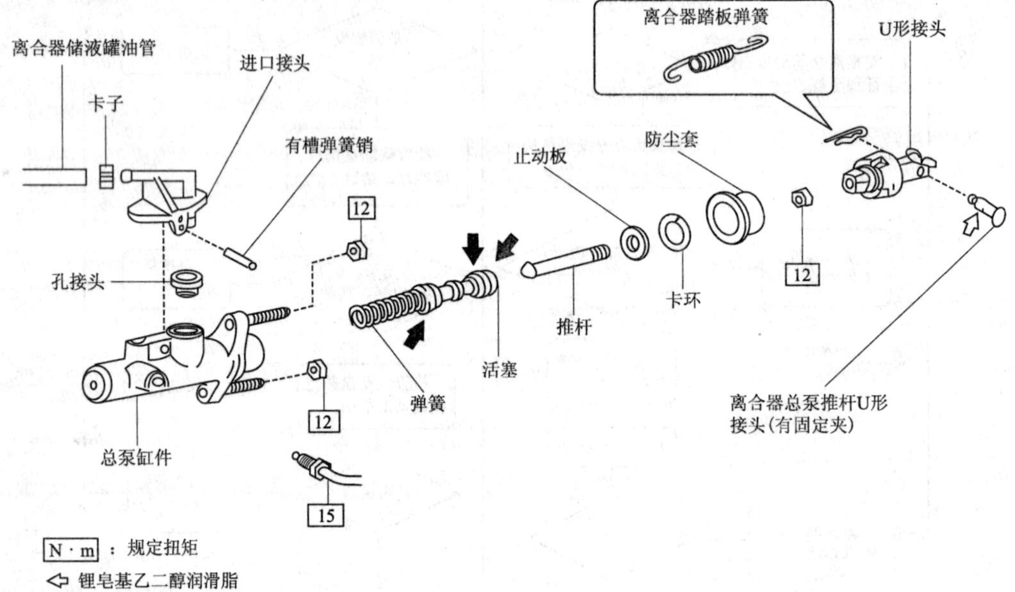

图6-8　部件图

①____

____

②____

____

③____

____

④____

____

⑤操作程序按以下格式逐步说明，明确告知维修人员做什么在哪里做，并提供诸如规范和警告之类的其他信息，如图6-9所示。

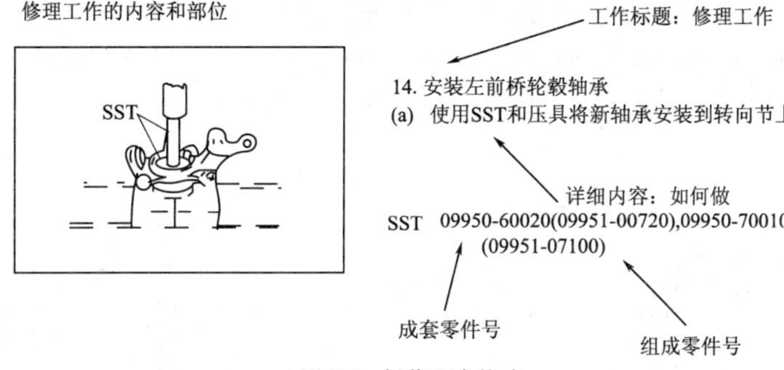

图6-9　操作程序格式

(5)维修术语定义，如表6-1所示。

术 语 定 义　　表6-1

维 修 术 语	意　　义
警告	说明有可能会伤害你或他人
注意	说明有可能损坏正在修理的部件
提示	提供有助于提高修理效率的补充资料

引导问题9　如何进行离合器分离不彻底故障的就车检查？

(1)通过维修手册，学习离合器自由行程的检查、调整步骤和方法，填写完成步骤内容，并将维修标准数据和实际测量数据填写在表6-2中。

数 据 测 量　　表6-2

项　　目	标 准 数 据	实际测量数据	结　　论
踏板高度			
踏板的自由行程			
踏板的有效行程			

①检查__________是否正确，如图6-10所示。

②调整踏板高度，松开锁止螺母并转动止动螺栓直至

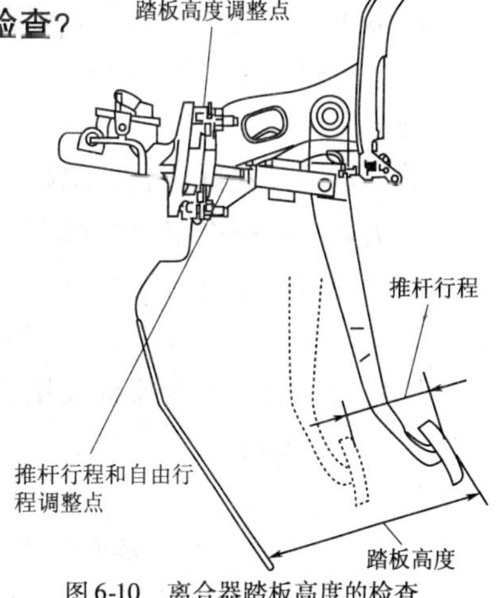

图6-10　离合器踏板高度的检查

踏板高度正确为止，然后紧固＿＿＿＿＿＿。

③检查踏板＿＿＿＿＿＿和推杆行程是否正确，如图6-11所示。

a. 踩下踏板直至感到有阻力为止。

b. 轻轻踩下踏板直至阻力开始增大为止。

④调整踏板自由行程和推杆行程，说明步骤。

＿＿

＿＿

＿＿

⑤如图6-12所示，检查离合器的分离点，说明步骤。

＿＿

＿＿

＿＿

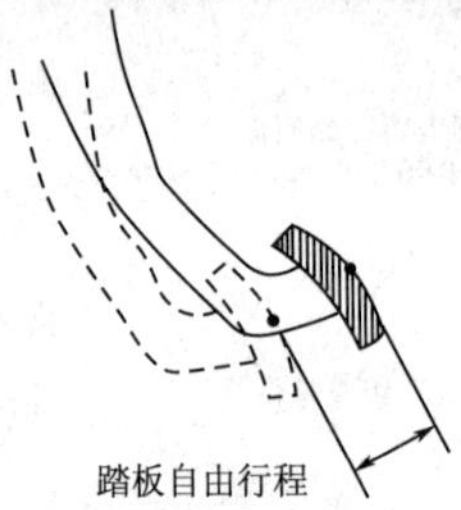

图6-11　离合器踏板自由行程的检查

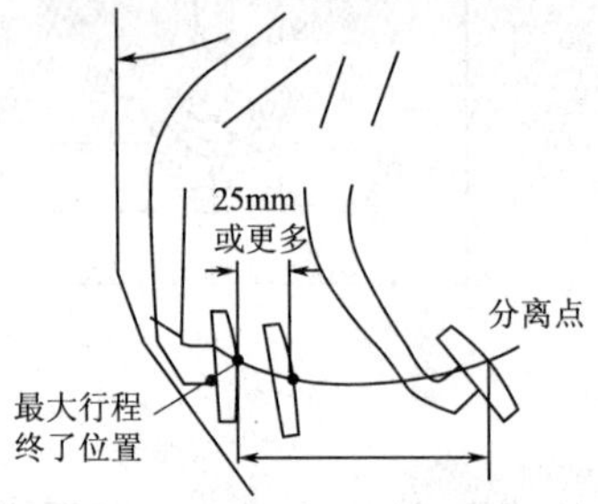

图6-12　离合器分离点的检查

(2)如何进行离合器液压操纵系统的排气？

离合器液压操纵系统中进入空气后，离合器踏板会发软无力，＿＿＿＿＿＿缩短，导致离合器分离不彻底使变速器换挡困难等。因此，当发现液压系统中进入空气后，应及时排气。

①手工排气方法如下：

a. 先将离合器储油罐中加满＿＿＿＿＿＿制动液；

b. 取下离合器分泵的防尘帽，拧松分泵的＿＿＿＿＿＿螺栓；

c. 将一根与放气螺栓排气嘴尺寸相宜的塑料管的一端套在放气螺栓上，另一端插在装有制动液的瓶中；

d. 由助手反复踩离合器踏板，观察气泡从瓶中排出，直到＿＿＿＿＿＿排出，＿＿＿＿＿＿增大后，拧紧放气螺栓，取下塑料管。

②加注设备排气方法如下：

a. 在加注设备中加产品规定的离合器油，并给设备充气至0.2～0.4MPa，然后准备工作；

b. 拧开离合器分泵排油孔堵头，将加注设备的加油嘴安装到排油孔上，开通加注设备，从＿＿＿＿＿＿开始加油，直到离合器油杯加注到2/3左右且油中没有气泡泛起时止；加注时注意打开＿＿＿＿＿＿；

c. 加注完成后，脚踩离合器踏板，踏板有力，表明管路没有＿＿＿＿＿＿存在，合格；若踏板无力，＿＿＿＿＿＿（此时可将油杯中油倒出一些，继续用设备加油）。

小提示

在拧紧放气螺栓时用力不可过大，力矩过大会损伤放气螺栓密封带，造成漏气；在使用塑料管排除空气时，插入装有制动液瓶中的管口不能露出液面。

引导问题10　如何进行离合器总成的更换？

(1)作业准备。

①列出所需设备、工具及材料清单：

____

____

____

②举升车辆：

检查举升机　　□任务完成

车辆开进工位　　□任务完成

停车，打开发动机罩　　□任务完成

铺上护套　　□任务完成

确定顶车位置　　□任务完成

稍微举升车辆　　□任务完成

检查车辆是否平稳　　□任务完成

(2)请查阅资料，用思维导图方式画出离合器总成拆卸由外及内的关联部件。

(3)请根据图示完善操作步骤及注意事项。

①拆下发动机盖；

②______________________________；

③如图6-13所示，拆卸__________颗螺栓使离合器分泵从手动变速器上拆下；

④分离变速器控制拉线总成，如图6-14所示；

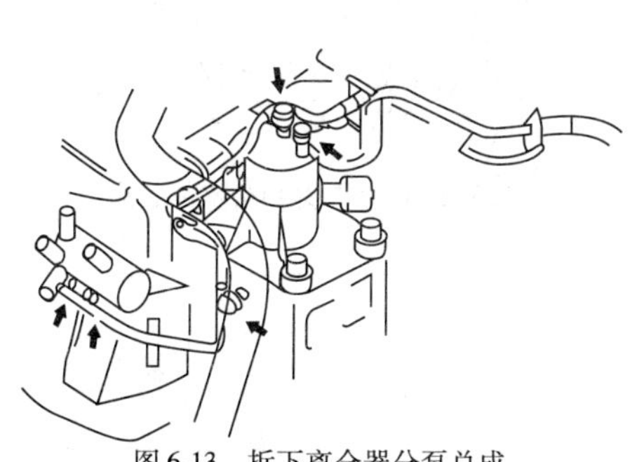

图6-13　拆下离合器分泵总成

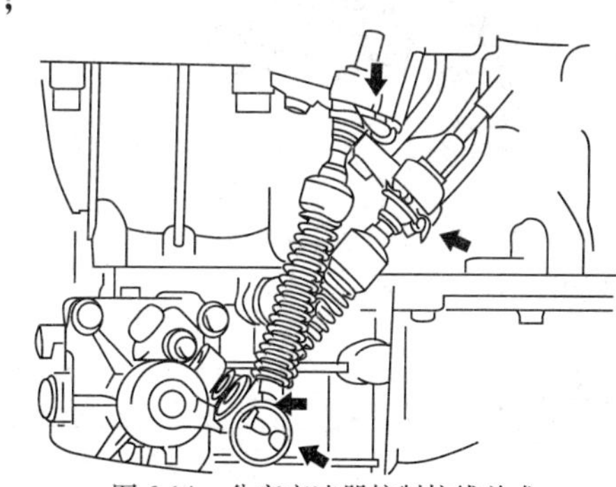

图6-14　分离变速器控制拉线总成

⑤脱开倒挡开关接头,如图 6-15 所示;

⑥脱开车速传感器接头,如图 6-16 所示;

⑦____;

⑧____;

⑨____;

⑩____;

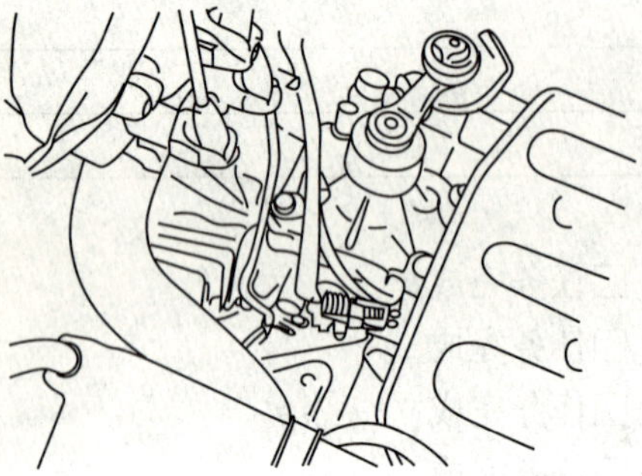

图 6-15　拆下倒挡开关接头

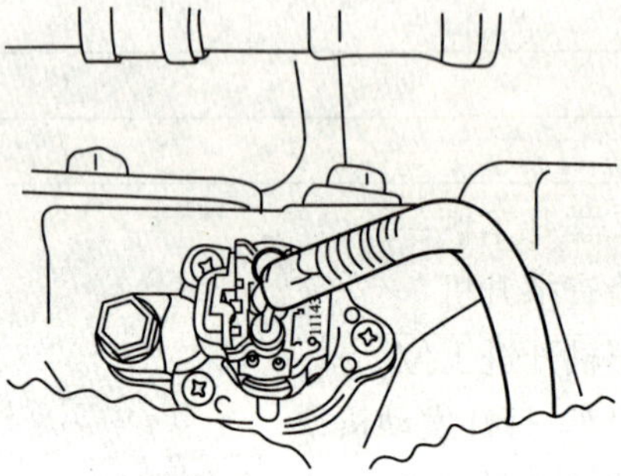

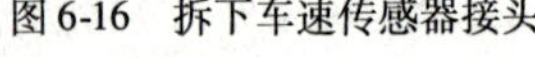

图 6-16　拆下车速传感器接头

⑪如图 6-17 所示,____;

小提示

必须完全松开锁紧卷边,不然会损坏传动轴的螺钉。

⑫如图 6-18 所示,____;

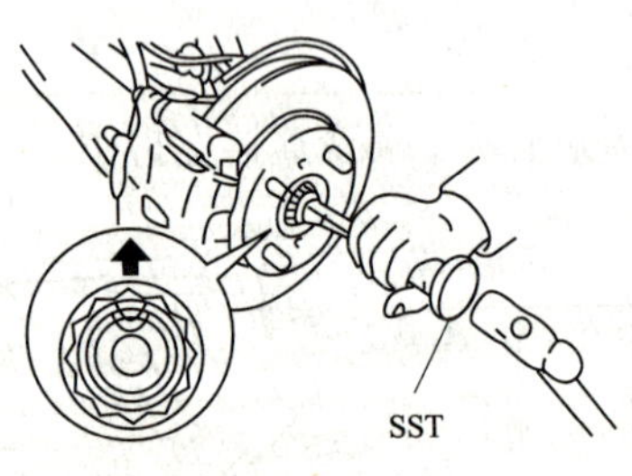

图 6-17　拆下左、右前轮毂螺母

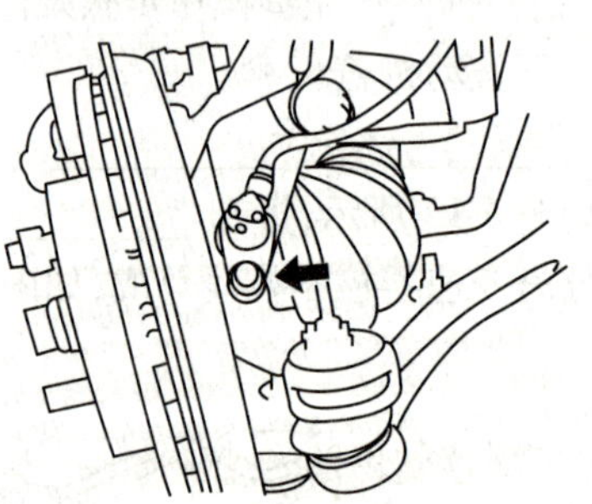

图 6-18　拆下轮速传感器接头

⑬如图 6-19 所示,____;

⑭如图 6-20 所示,____;

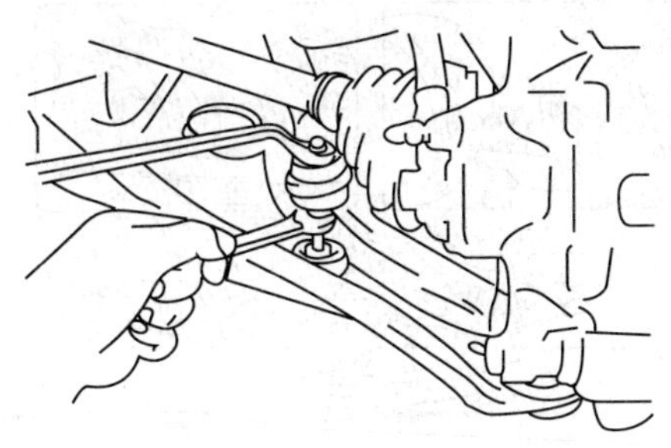

图6-19 拆下前部稳定杆

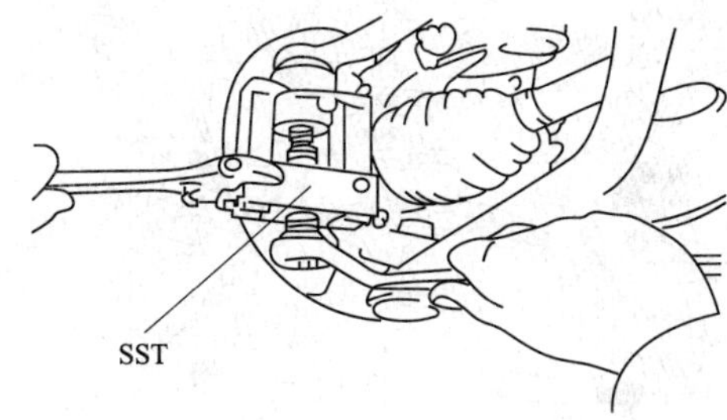

图6-20 脱开拉杆球头

⑮如图6-21所示，____;

⑯脱开左、右前传动轴总成；

⑰如图6-22所示，____;

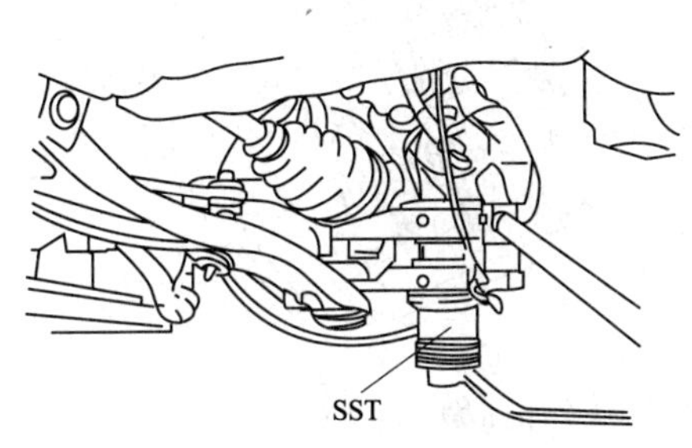

图6-21 脱下左、右下悬臂

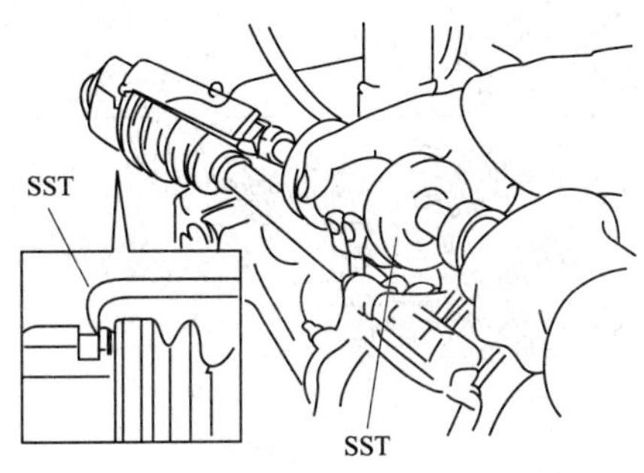

图6-22 拆下左、右前传动轴总成

小提示

小心不要________________________________;

小心不要________________________________。

⑱正确安装发动机吊钩，吊起发动机总成；

⑲拆卸启动机总成；

⑳用千斤顶支撑前悬架横梁；

㉑如图6-23所示，____;

㉒拆卸前悬架横梁；

如图6-24～图6-26所示，____;

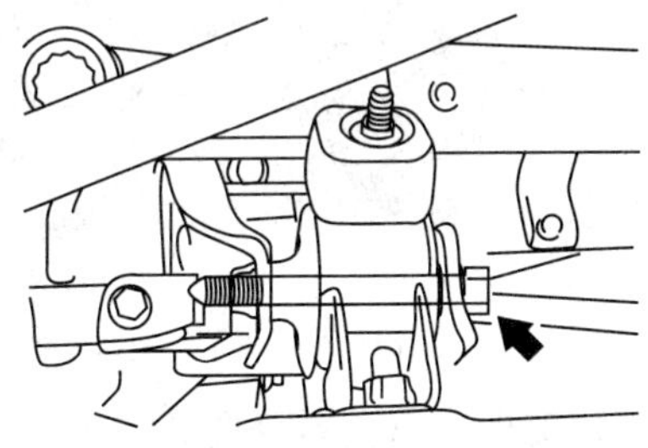

图6-23 分离脚胶

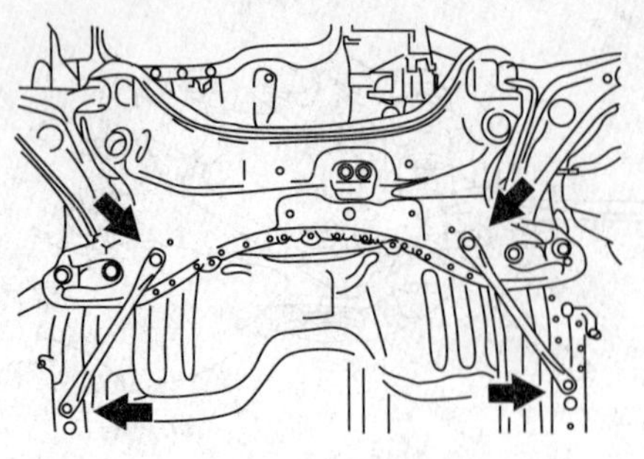

图 6-24　取下加强梁

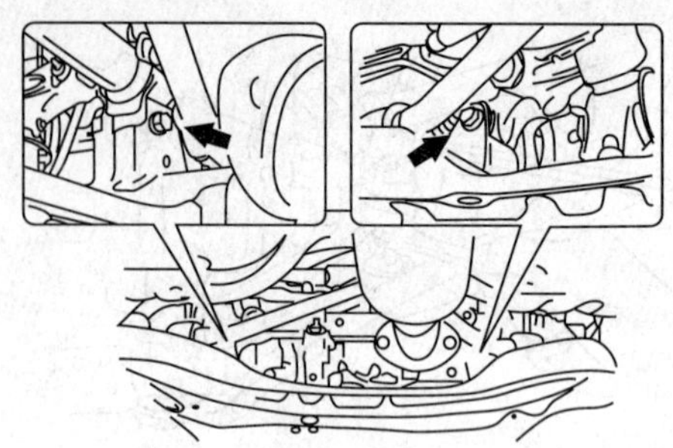

图 6-25　脱开前悬架横梁

㉓用变速器千斤顶支撑变速器总成；

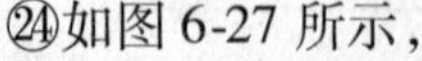

㉔如图 6-27 所示，____；

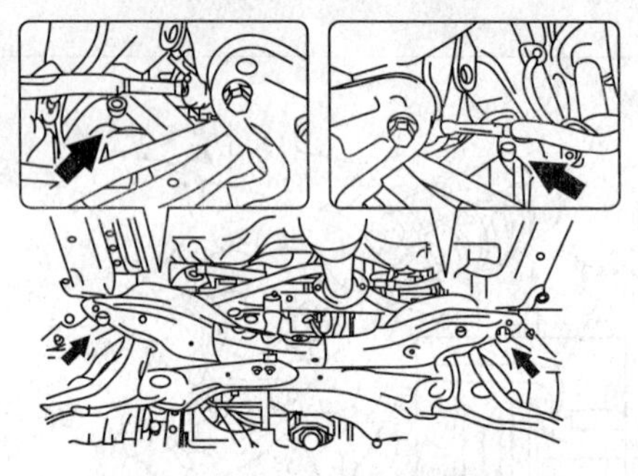

图 6-26　取下横梁

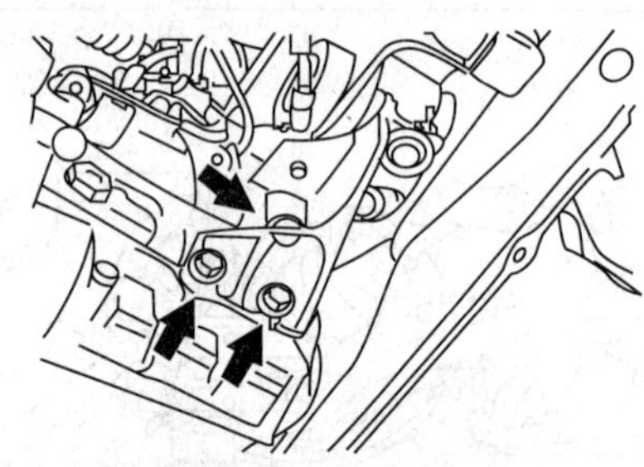

图 6-27　脱开发动机右后支架

㉕如图 6-28 所示，____；

㉖如图 6-29 所示，____；

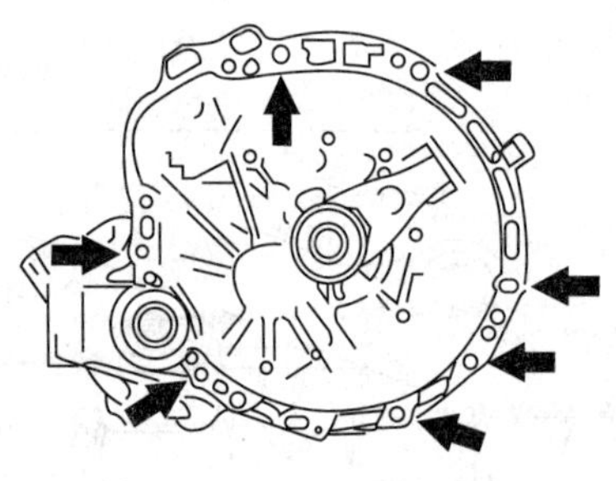

图 6-28　拆下手动变速箱

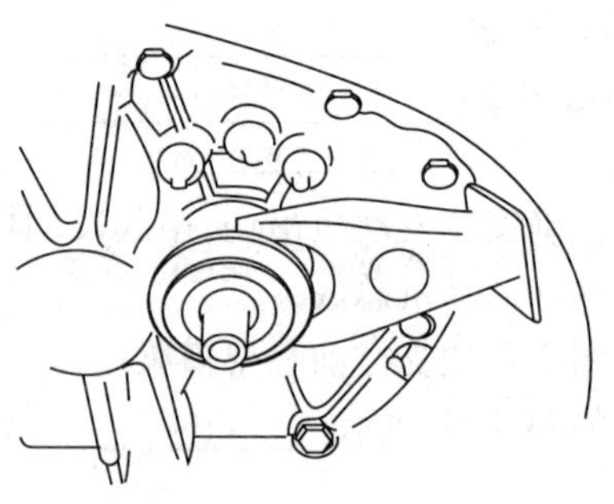

图 6-29　拆下分离轴承和分离叉

㉗拆下离合器分离叉防尘套；

㉘从离合器分离叉上拆下分离轴承；

㉙拆下分离轴承固定夹；

㉚拆下分离叉支撑，从变速器上拆下分离叉；

㉛拆下离合器盖，如图6-30所示，____；

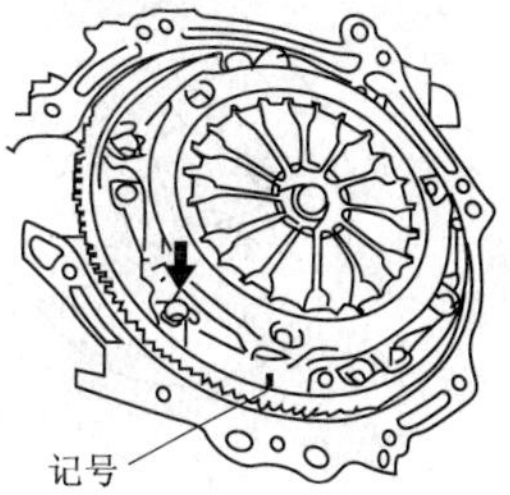

图6-30　拆下离合器盖

㉜拆下离合器片；

㉝检查离合器片总成，如图6-31所示，____；

小提示

不要使离合器盘总成跌落。

标准最小铆钉深度：____________mm

测量铆钉深度：____________mm

用百分表测量离合器片的摆动，如图6-32所示；

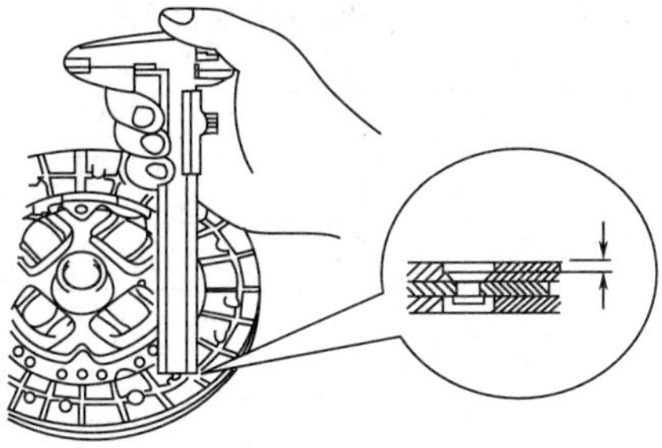

图6-31　测量铆钉深度

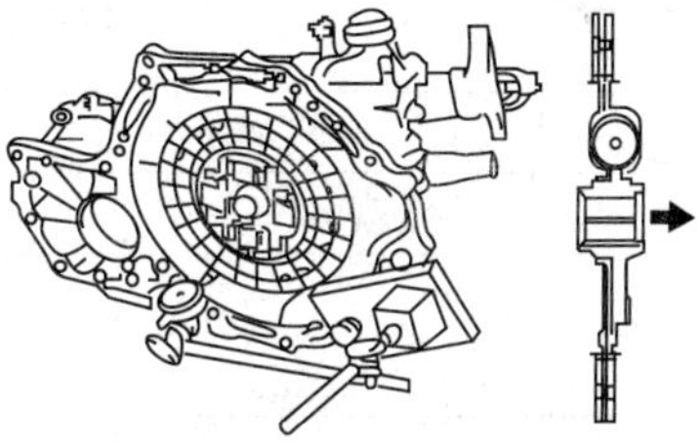

图6-32　测量离合器片摆动

标准最大摆动量：__________mm

测量最大摆动量：__________mm

㉞如图6-33所示，____；

膜片弹簧最大磨损度		
部　位	标　准　值	测　量　值
A(深)mm		
B(宽)mm		

㉟如图6-34所示，____；

标准最大摆动量：________________mm

测量值：________________mm

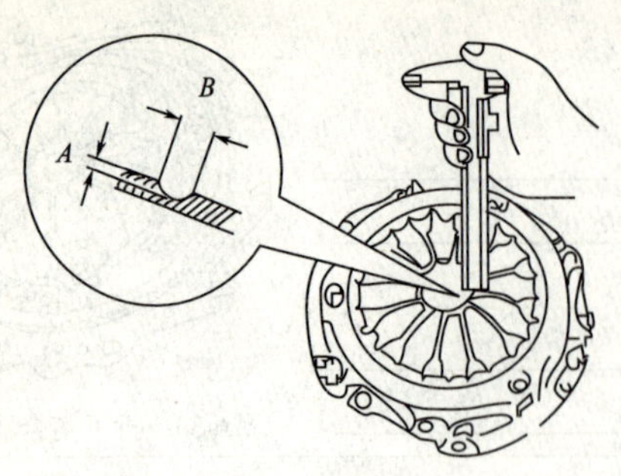

图 6-33 检查膜片弹簧磨损

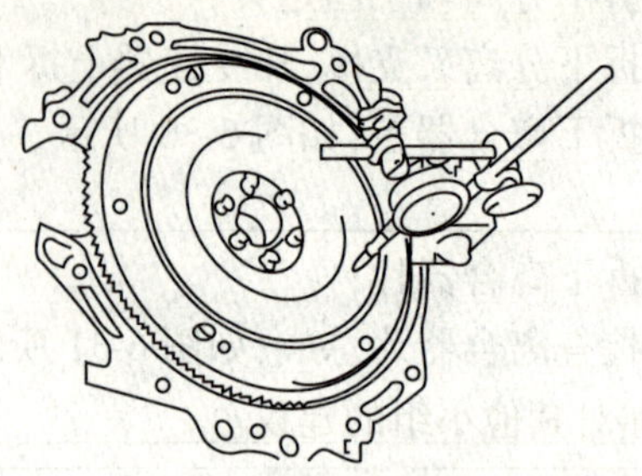

图 6-34 检查飞轮摆动量

㊱如图 6-35 所示，____

____。

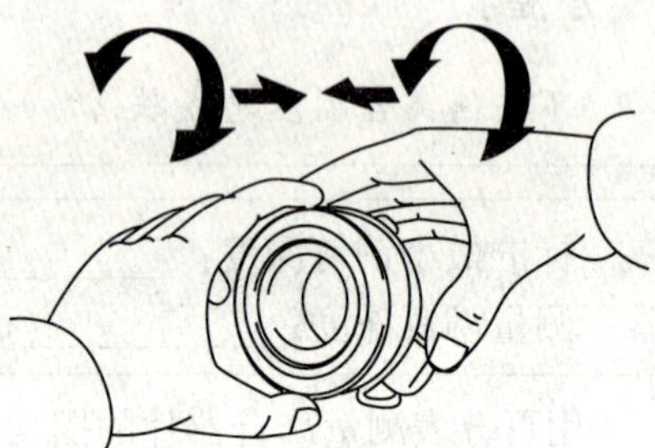

图 6-35 检查分离轴承

小提示

分离轴承是永久润滑的，不需要清洁或润滑。

(4)请根据维修手册和装配顺序写出离合器总成安装操作步骤及注意事项。

安装步骤：____

____

____

____

____

____

____

____

注意事项：____

____

____

____

____

____

____

____

四、评价与回馈

1. 小组成果展示

简述本小组收获与体会。

(1)____

____

(2)____

____

(3)____

____

你对其他小组的建议。

(1)____

____

(2)____

____

2. 评分(表6-3)

评　分　表　　　　表6-3

考核项目	评分标准	分数	学生自评	小组互评	教师评价	小计
团队合作	是否和谐	5				
活动参与	是否积极主动	5				
安全生产	有无安全隐患	10				
现场5S	是否做到	10				
任务方案	是否正确、合理	15				
操作过程	是否规范	30				
任务完成情况	是否圆满完成	5				
工具、设备使用	是否规范、标准	10				
劳动纪律	是否能严格遵守	5				
工单填写	是否完整、规范	5				
总分		100				
教师签字：		年　月　日			得分	

注意：违反操作规程，出现人身伤害或设备严重事故，本任务考核0分。

五、知识拓展

(1)请举例说出离合器其他类型。

(2)请列出离合器系统其他常见故障原因分析及诊断检查流程。

学习任务7　手动变速器挂挡困难故障的诊断与排除

工作情境描述

一辆丰田威驰汽车,行驶里程为38752km,车主反映在使用过程中挂挡和摘挡时阻力很大,进挡时未听到变速器发出异常声音。请你排除本车的变速器挂挡困难故障。

学习目标

通过学习,你应当能:

1. 描述丰田威驰汽车手动变速器的结构特点;
2. 辨别挂挡困难的故障现象;
3. 分析故障产生的原因,选择合理的诊断检查方案,正确进行故障部位检查;
4. 按照维修手册,在30min内安全规范地完成换挡操纵机构的调整;
5. 按照维修手册,在30min内安全规范地完成变速器油量和品质检查且能补充和更换,正确处置废油;
6. 向客户解释故障判断及处理结果;
7. 把本次诊断与排除的故障编写成案例或技术公报。

学习脉络

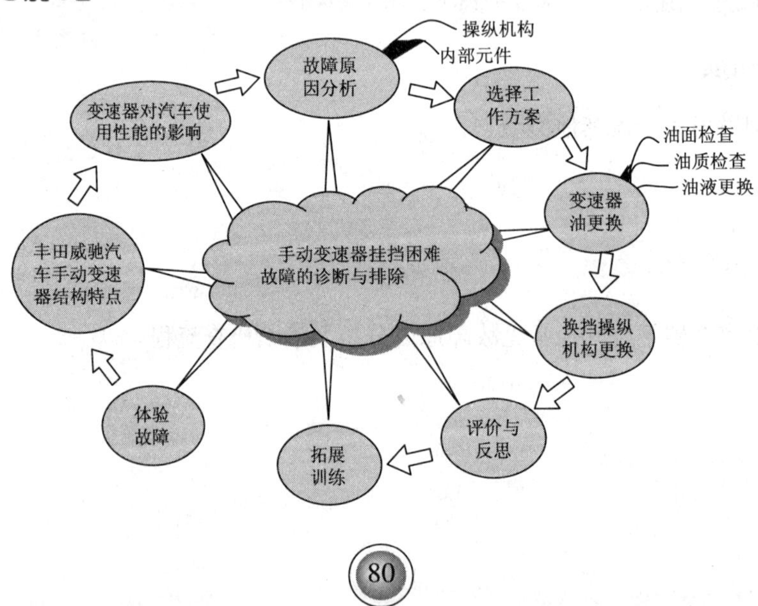

建议学习时间:6h

引导问题

一、任务准备

引导问题1　您体验到的教学车辆的故障现象是怎样的?

故障现象体验记录:____

____

____

引导问题2　丰田威驰汽车手动变速器有何结构特点?

(1)丰田威驰汽车采用什么类型的手动变速器?

①手动变速器的形式有哪些?

____

____

____

②丰田威驰汽车手动变速器类型:________________________

③丰田威驰汽车手动变速器系统有哪几部分组成?

____

____

____

(2)请补充填写丰田威驰汽车手动变速器系统包含的元器件名称,见图7-1a)、图7-1b)。

(3)此类型手动变速器有何特点?

____

____

____

引导问题3　变速器的性能好坏对汽车工作性能有什么样的影响?

(1)变速器性能对汽车工作性能的影响有:

□　影响动力的传递

□　燃料消耗增加

□　烧坏离合器摩擦片

□　损坏变速器机件

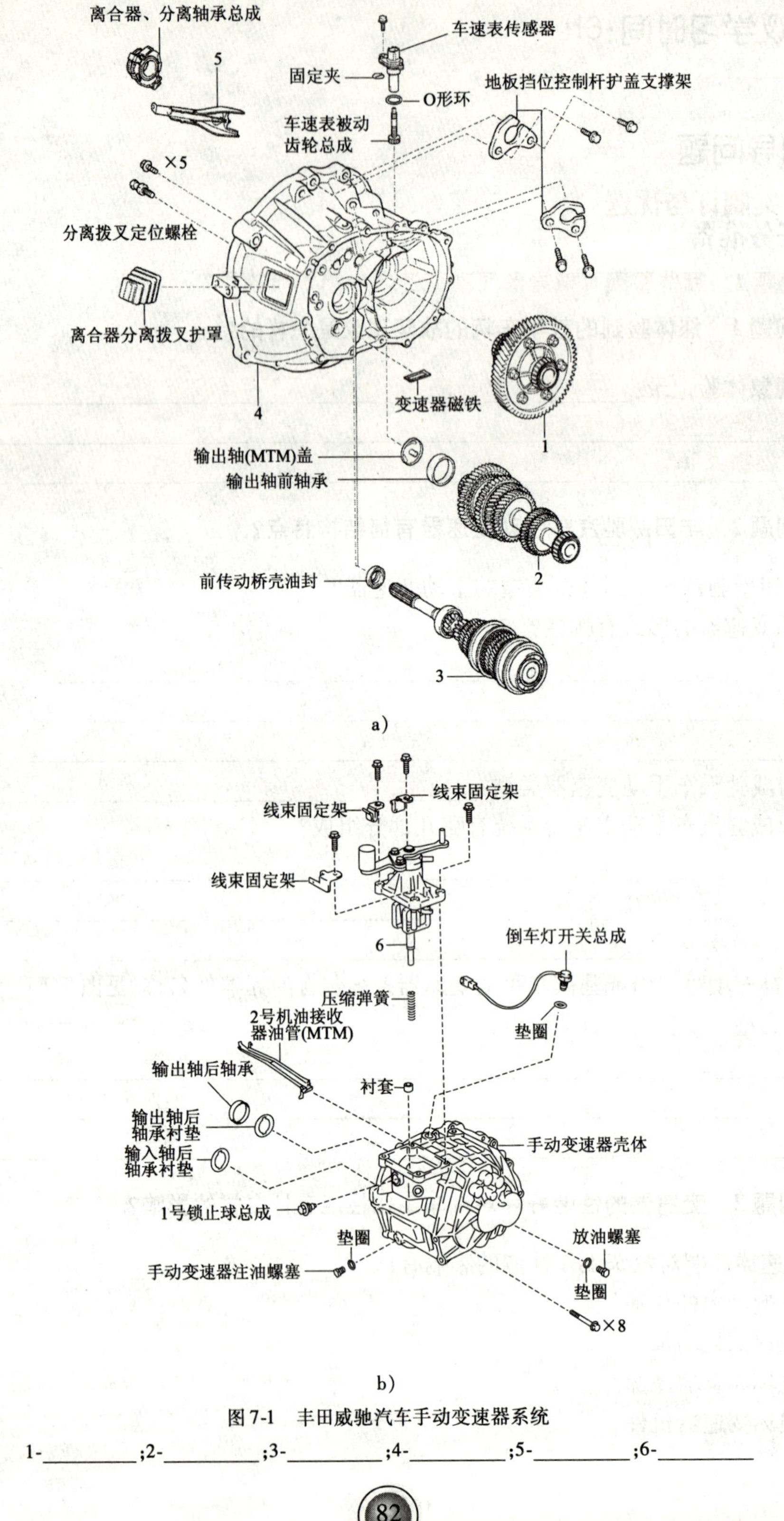

图 7-1 丰田威驰汽车手动变速器系统

1-__________;2-__________;3-__________;4-__________;5-__________;6-__________

□　汽车行驶过程中产生噪声

(2)请列出手动变速器常见故障。

____

____

____

二、方案制订与优选

引导问题4　哪些原因可能导致手动变速器挂挡困难故障?

丰田威驰汽车手动变速器挂挡困难故障原因分析,请完成空白部分。

(1)离合器__________。

(2)变速器__________故障:

①变速器拨叉和导块、凹槽磨损严重或锁紧螺钉松动,换挡时换挡杆从槽中脱出;

②变速器拨叉轴弯曲变形,端头有严重毛刺,锈蚀严重,锁止弹簧或互锁销被卡住,造成变速叉轴移动困难;

③换挡杆和拉杆弯曲变形,各活动连接处磨损松旷或调整不当;

④换挡和选挡拉索损坏或松旷。

(3)变速器__________故障:

①齿轮损伤;

②同步器损坏。

引导问题5　根据以上分析,如何制订与优选工作方案?

图7-2～图7-5是三位同学分别制订的丰田威驰汽车手动变速器挂挡困难故障的诊断流程,请你选择方案并说明你选择该方案的原因。

你最终选择的方案为__________。

请说明你选择本方案的原因:______________________________

____

____

三、实施与控制

引导问题6　丰田威驰汽车在维修手动变速器过程中有哪些安全注意事项?

____

____

____

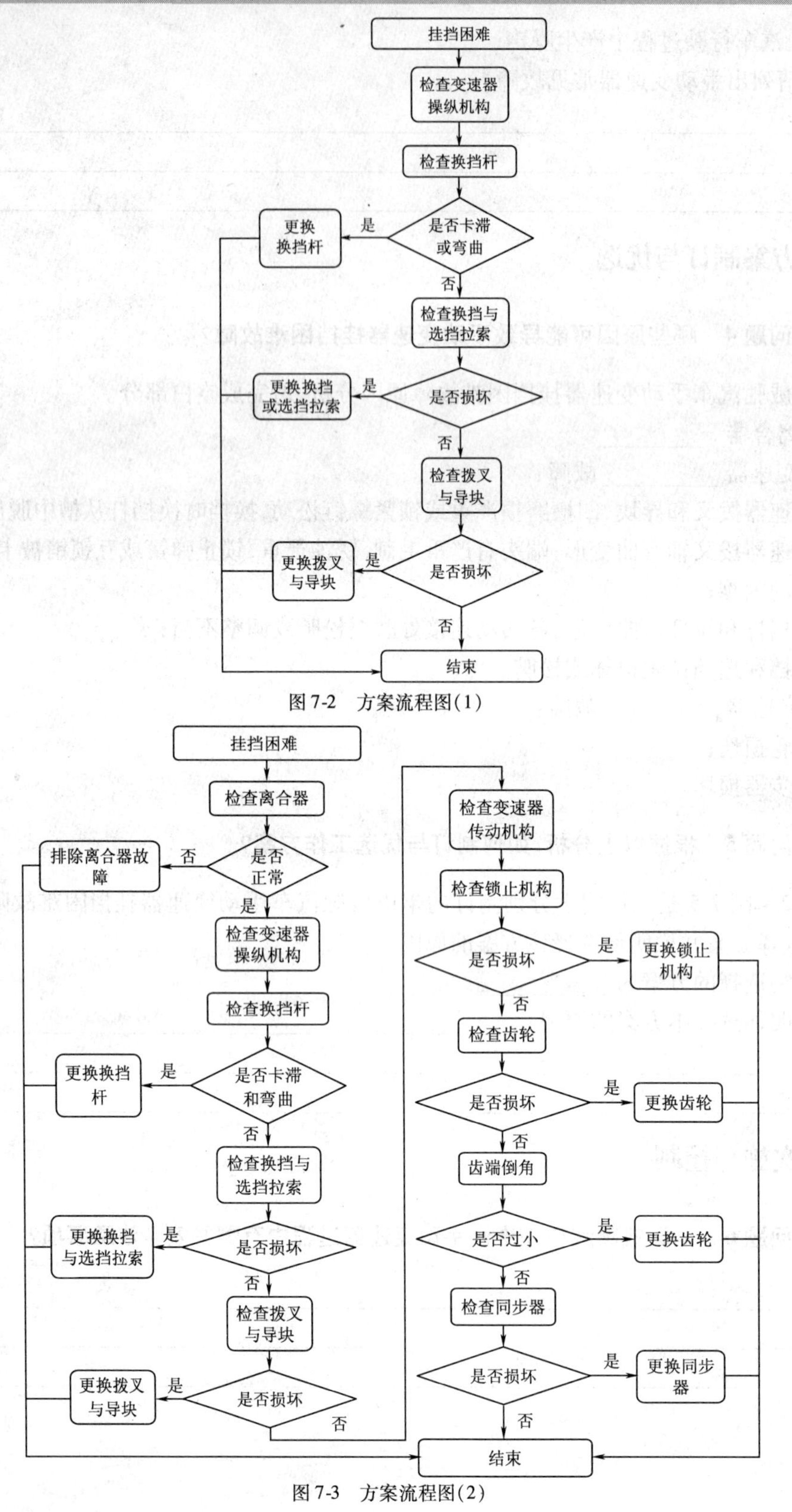

图 7-2　方案流程图(1)

图 7-3　方案流程图(2)

挂挡困难
检查离合器
是否正常
否
排除离合器故障
是
检查变速器操纵机构
检查换挡杆
是否卡滞和弯曲
是
更换换挡杆
否
检查换挡与选挡传动杆
是否损坏
是
更换换挡与选挡传动杆
否
检查拨叉与导块
是否损坏
是
更换拨叉与导块
否
检查变速器传动机构
检查锁止机构
是否损坏
是
更换锁止机构
否
检查齿轮
是否损坏
是
更换齿轮
否
齿端倒角
是否过小
是
更换齿轮
否
检查同步器
是否损坏
是
更换同步器
否
结束

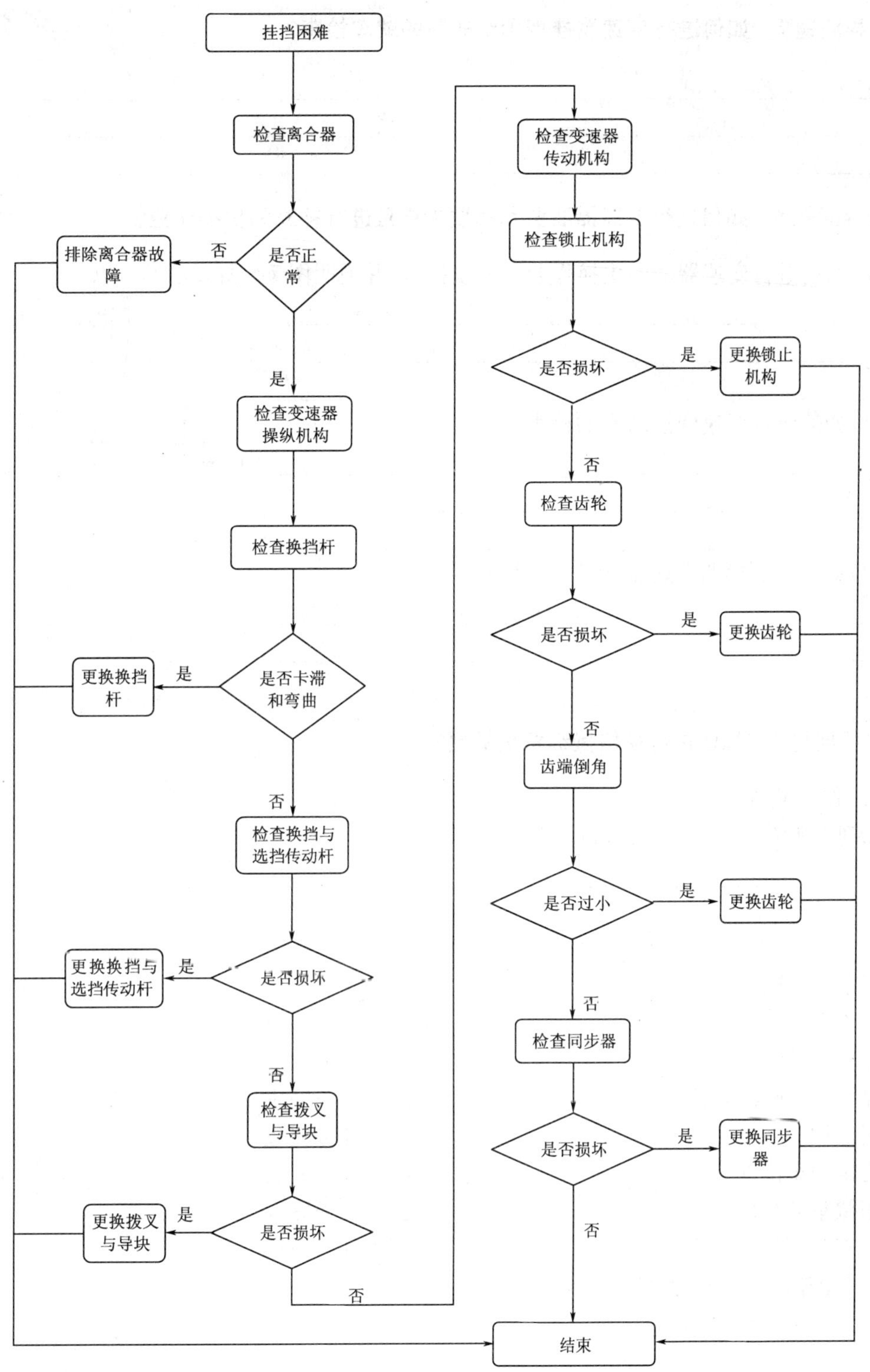

图7-4　方案流程图(3)

引导问题7　如何进行变速器挂挡困难故障的就车检查？

引导问题8　如何进行变速器油量和品质检查且进行补充和更换作业？

(1)如何进行变速器油的更换作业及油量检查，并说明图7-5所表示的意思。

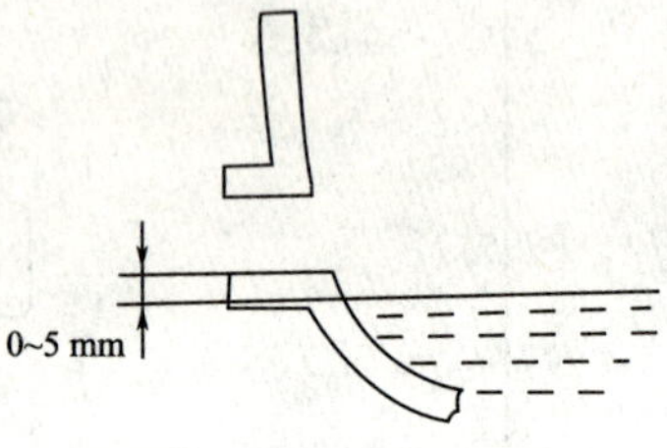

(2)如何进行变速器油品质的检查？

0~5 mm

图7-5　手动变速器油液检查

(3)如何对更换的变速器油进行处理？

引导问题9　如何进行换挡操纵机构的更换作业？

(1)作业准备。

①列出所需设备、工具及材料清单：

②举升车辆：

检查举升机　□　任务完成

车辆开进工位　□　任务完成

停车，打开发动机罩　□　任务完成

铺上护套　□　任务完成

确定顶车位置　□　任务完成

稍微举升车辆　□　任务完成

检查车辆是否平稳　□　任务完成

(2)根据图示，完善操作步骤及注意事项。

①如图7-6所示，

②如图7-7所示，

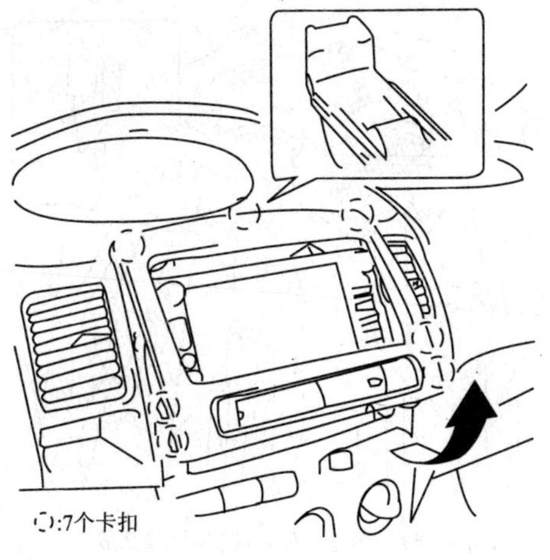

图7-6　拆下组合仪表中央面板

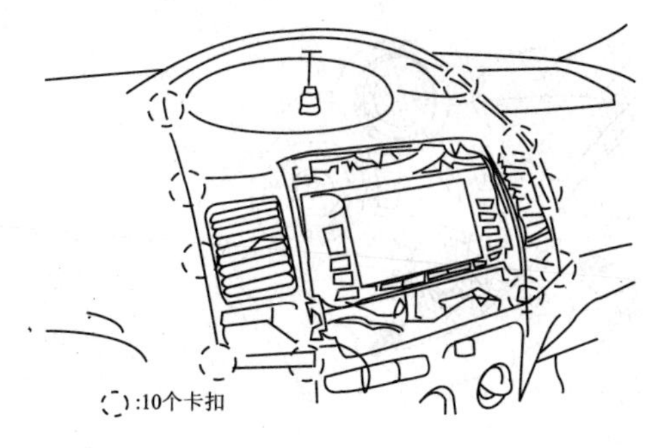

图7-7　拆下组合仪表面板

③拆下操纵台面板。

④拆下地板储物盒。

⑤拆下地板式换挡手柄。

⑥如图7-8所示，____

____

⑦如图7-9所示，____

____

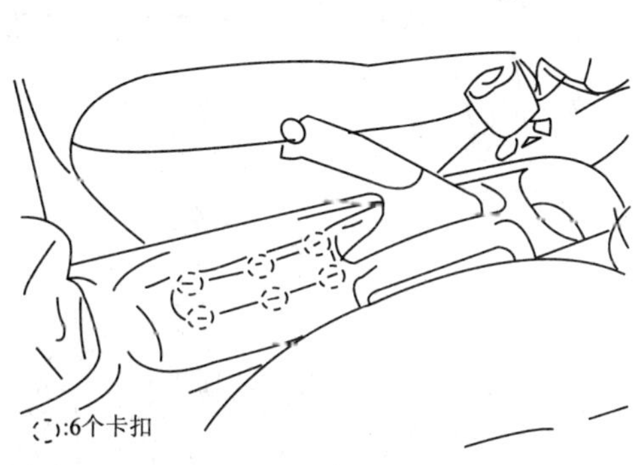

图7-8　拆下控制盒孔盖

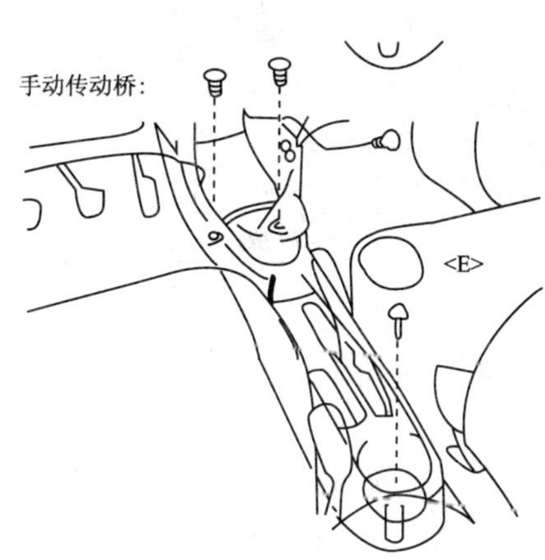

图7-9　拆下控制盒后部

⑧拆下变速器控制拉线总成：

如图7-10所示，____

____

如图7-11所示，____

____

拆下__________个卡子和__________个垫片后，从变速器上脱开两条拉线；

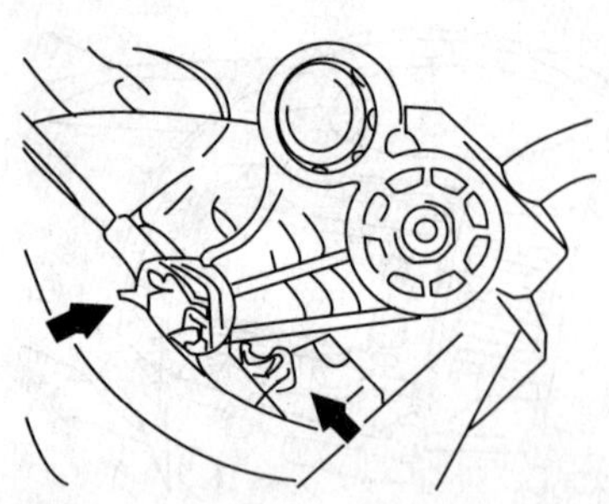
图 7-10　脱下控制拉线头部

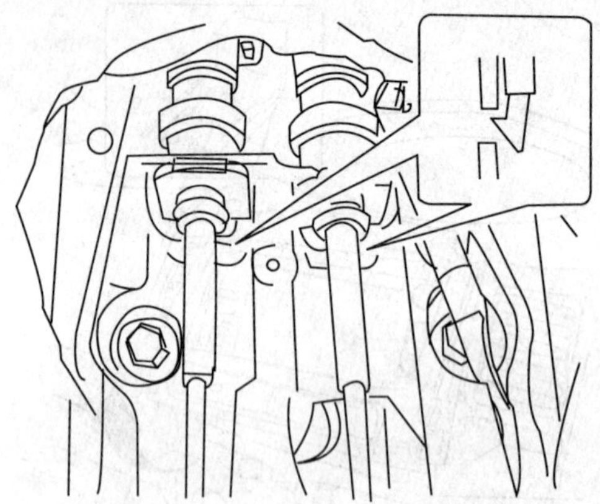
图 7-11　拆下(安装)控制拉线总成

如图 7-12 所示，____

____

如图 7-13 所示，____

____

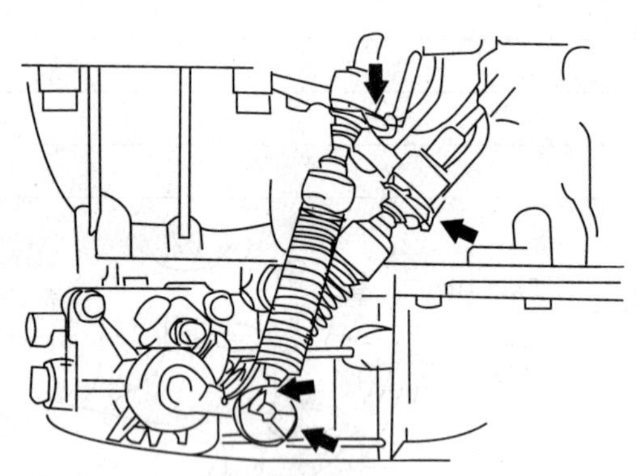
图 7-12　脱开(安装)拉线

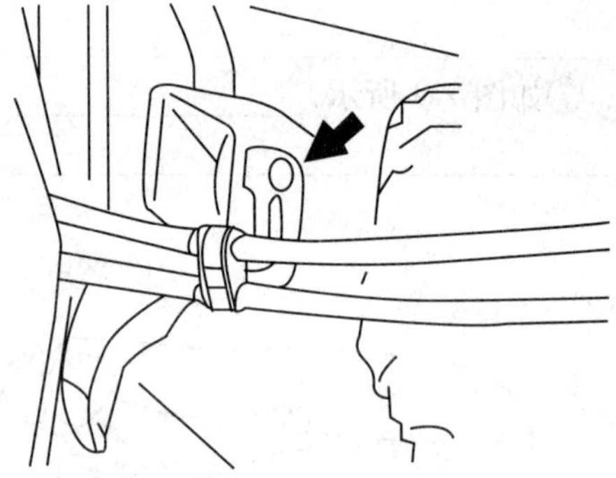
图 7-13　拆下(安装)螺栓

如图 7-14 所示，________________________________

____

从车身上拉出控制拉线；

从控制拉线上拆下固定器。

⑨安装控制拉线总成：

把固定器安装到控制拉线上；

把变速器控制拉线推入地板；

如图 7-14 所示，________________________________

____

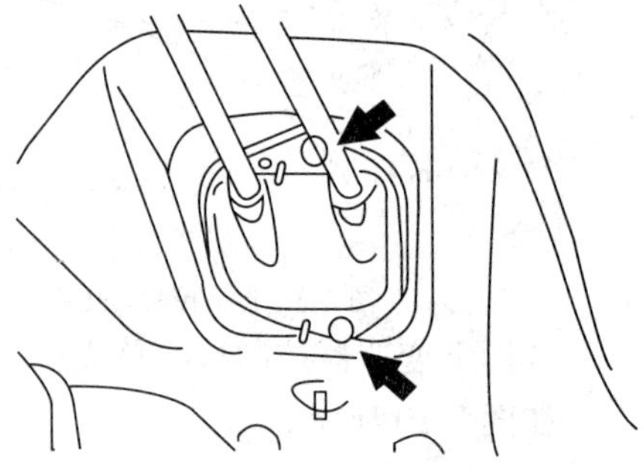
图 7-14　拆下(安装)拉线螺栓

螺栓拧紧力矩：____________N·m

如图7-13所示，____

____

螺栓拧紧力矩：____________N·m

如图7-12所示，____

____

小提示

确保卡爪咬合牢靠。

在支架上安装__________个新卡子；如图7-11所示，______________________________

____

小提示

连接所选择的拉线时，其端头部的齿状部分应朝上，卡子插入的方向如图7-18所示。

如图7-15所示________________________________

____

把换挡拉线的端部连接在换挡杆总成上。

⑩安装控制盒后部。

⑪安装控制盒孔盖。

⑫安装地板式换挡杆手柄。

⑬安装地板储物盒。

⑭安装操纵台面板。

⑮安装组合仪表面板。

⑯安装组合仪表中央面板。

图7-15　拉线端头连接到换挡杆

引导问题10　如何进行变速器操纵机构的调整作业？

____

____

____

四、评价与反馈

1. 小组成果展示

简述本小组收获与体会。

（1）____

(2)

(3)

你对其他小组的建议。

(1)

(2)

2. 评分(表 7-1)

评 分 表 表 7-1

考核项目	评分标准	分数	学生自评	小组互评	教师评价	小计
团队合作	是否和谐	5				
活动参与	是否积极主动	5				
安全生产	有无安全隐患	10				
现场5S	是否做到	10				
任务方案	是否正确、合理	15				
操作过程	是否规范	30				
任务完成情况	是否圆满完成	5				
工具、设备使用	是否规范、标准	10				
劳动纪律	是否能严格遵守	5				
工单填写	是否完整、规范	5				
总分		100				
教师签字：			年 月 日		得分	

注意：违反操作规程，出现人身伤害或设备严重事故，本任务考核0分。

五、知识拓展

(1) 请查阅资料说明捷达、爱丽舍汽车变速器操纵机构与丰田威驰汽车变速器操纵机构的区别。

(2) 请查阅资料叙述手动变速器其他常见故障及其原因分析。

学习任务8　汽车转向沉重故障的诊断与排除

工作情境描述

一辆别克凯越 1.6L 乘用车，行驶里程 23246km，驾驶员在转向时转动转向盘感到沉重费力，无回正感觉，甚至转向盘转不动，现在车辆已经开至维修站点，请你解决本车的转向系统故障。

学习目标

通过本学习任务的学习，你应当能：

1. 描述通用凯越汽车转向系统的结构与特点；
2. 辨别转向沉重的故障现象；
3. 分析故障产生的原因，选择合理的诊断检查方案，正确使用轮胎气压表等设备进行故障部位检查；
4. 进行轮胎气压的调整；
5. 根据维修手册，在 60min 安全规范地完成齿轮齿条式转向器间隙调整；
6. 根据维修手册，在 30min 安全规范地完成动力转向油泵的更换；
7. 能向客户解释故障判断及处理结果；
8. 能把本次诊断与排除的故障编写成案例。

学习脉络

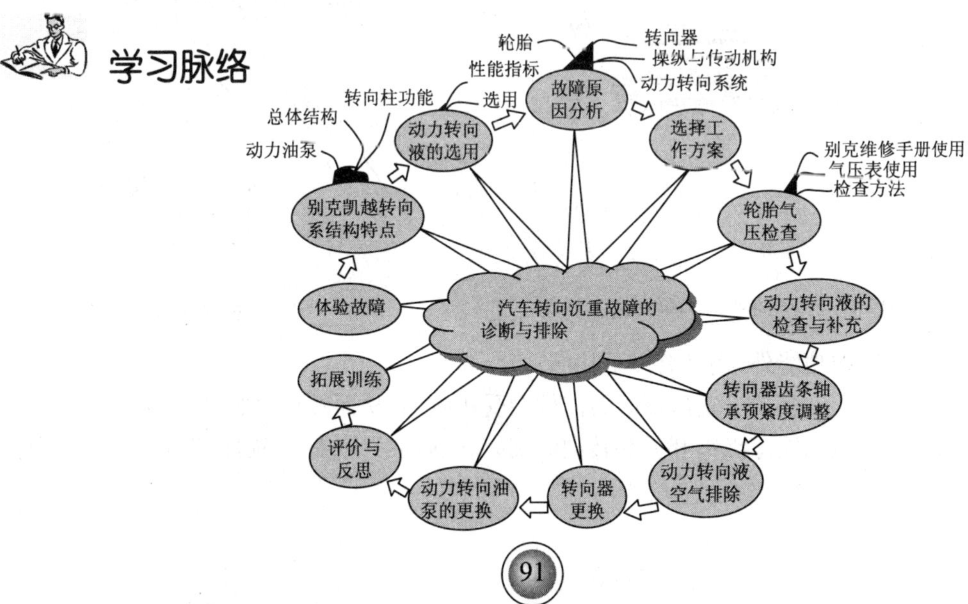

建议学习时间:10h

引导问题

一、任务准备

引导问题1　您体验到的教学车辆的故障现象是怎样的?

故障现象体验记录:____

____

____

引导问题2　别克凯越乘用车动力转向系统有何结构特点?

(1)图8-1所示为别克凯越乘用车的转向系统包含的元件,填写图中空白处的元件名称。

(2)上海通用别克凯越乘用车的转向盘和转向柱如图8-2所示。

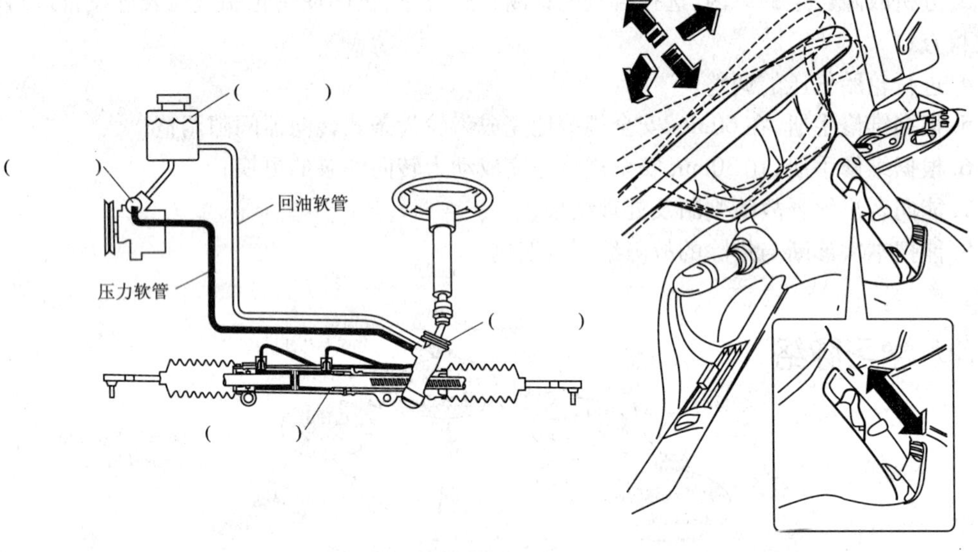

图8-1　别克凯越乘用车的转向系统组成　　　图8-2　别克凯越车转向盘和转向柱

该转向柱除转向功能外,还具有以下功能:

①__________。当发生正碰撞时转向柱会受压收缩,从而减少驾驶员受伤的机会。

②转向柱有防盗功能。点火开关和转向锁安装在转向柱上,转向锁能够将点火和转向操作锁定,以防止汽车被盗。

③__________。驾驶员可通过将转向盘升降和里外倾斜，将转向盘调整到舒适位置，方便驾驶。

④点火钥匙未拔提醒功能。如果驾驶员离车时，将钥匙忘记在点火开关上，点火钥匙未拔提醒功能将通过报警提醒驾驶员。

(3)别克凯越乘用车动力转向系统液压泵为__________形式，由图8-3可以看出，别克凯越乘用车动力转向系统液压泵由__________驱动。

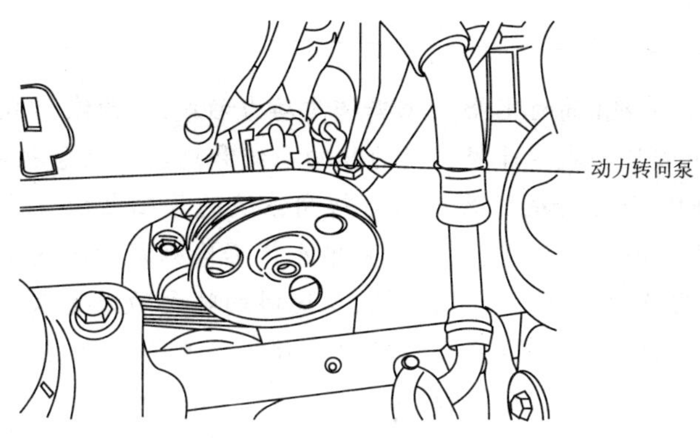

图8-3　别克凯越乘用车动力转向泵

(4)别克凯越乘用车的动力转向系统采用__________储液罐，目的是使发动机室留有更大空间，如图8-4所示。

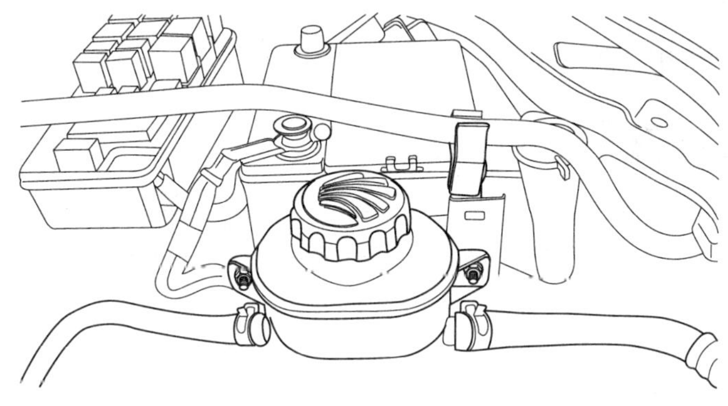

图8-4　别克凯越乘用车储液罐

引导问题3　动力转向液如何分类及如何正确选用动力转向液？

(1)图8-5所示为昆仑动力转向液，其API级别为HZY5，别克凯越乘用车要求使用的动力转向液为DEXRON Ⅲ，请查阅资料，解释以下各个标号的含义，并判断在别克凯越乘用车上能否使用API级别为HZY5的昆仑动力转向液。

图8-5　动力转向液

API 级别:________________

HXZY5:________________

DEXRON Ⅲ的级别:________________

能否代用:□能 □否

(2)查阅资料,说明别克凯越乘用车动力转向液的加注量。

别克凯越乘用车动力转向液的加注量为:__________。

小知识:EPS

电子控制动力转向系统(简称 EPS),根据转向动力形式,分为液压式电子控制动力转向系统(液压式 EPS)、电液混合式电子控制动力转向系统和电动式电子控制动力转向系统(电动式 EPS)。液压式 EPS 是在传统的液压动力转向系统的基础上增设了控制液体流量的电磁阀、车速传感器和电子控制单元等,电子控制单元根据检测到的车速信号,控制电磁阀,使转向动力放大倍率实现连续可调,从而满足高、低速时的转向助力要求。电动式 EPS 是利用直流电动机作为动力源,电子控制单元根据转向参数和车速等信号,控制电动机转矩的大小与方向。电动机的转矩由电磁离合器通过减速机构减速增矩后,加在汽车的转向机构上,使之得到一个与工况相适应的转向作用力。

二、方案制订与优选

引导问题 4 哪些原因可能导致转向沉重故障?

(1)转向轮轮胎气压过低;

(2)________________;

(3)动力转向装置油泵皮带过松或缺油;

(4)________________;

(5)________________;

(6)________________;

(7)________________;

(8)________________。

引导问题 5 根据以上分析,如何制订与优选工作方案?

图 8-6 ~ 图 8-8 方案是三位同学分别制订的转向沉重故障的诊断流程,请你选择方案并说明你选择该方案的原因。

你最终选择的方案为__________。

请说明你选择本方案的原因:________________

____

____

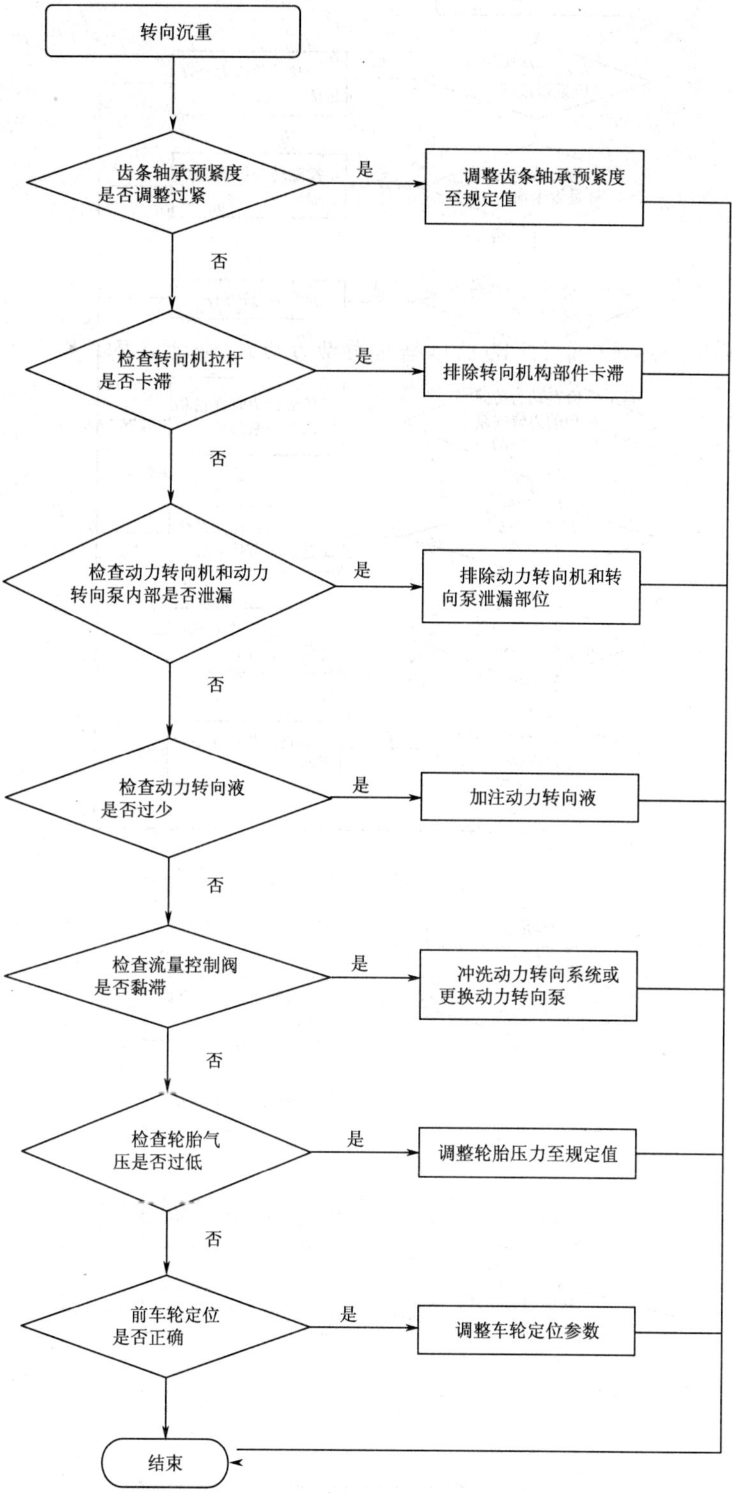

转向沉重

齿条轴承预紧度是否调整过紧 —是→ 调整齿条轴承预紧度至规定值

否

检查转向机拉杆是否卡滞 —是→ 排除转向机构部件卡滞

否

检查动力转向机和动力转向泵内部是否泄漏 —是→ 排除动力转向机和转向泵泄漏部位

否

检查动力转向液是否过少 —是→ 加注动力转向液

否

检查流量控制阀是否黏滞 —是→ 冲洗动力转向系统或更换动力转向泵

否

检查轮胎气压是否过低 —是→ 调整轮胎压力至规定值

否

前车轮定位是否正确 —是→ 调整车轮定位参数

结束

图8-6　方案流程图(1)

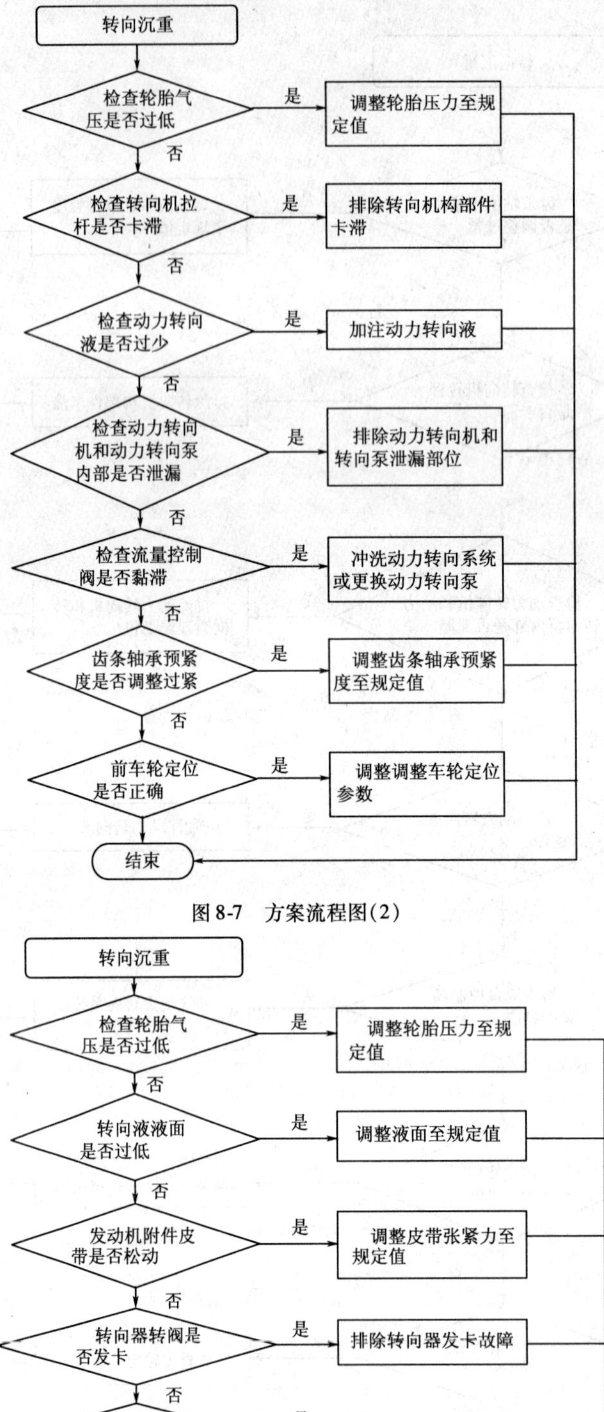

图8-7　方案流程图(2)

图8-8　方案流程图(3)

三、实施与控制

引导问题6　如何进行转向沉重故障的诊断？

(1)轮胎气压的检查方法。

如何在别克凯越乘用车维修手册中查找轮胎气压的标准值？

①以下是别克凯越乘用车维修手册中的章节目录，如果我们要查阅关于“轮胎型号和充气压力”的相关信息，应该查阅的章节为__________。

0. 基本信息	5. 制动系统
1. 空调系统	6. 发动机
2. 转向系统	7. 自动变速器
3. 悬架系统	8. 车身和附件
4. 驱动系统	9. 安全保护装置

②以下是别克凯越乘用车维修手册中每一章节中的标题，我们要查阅的“轮胎型号和充气压力”的相关信息，应该在__________标题下查阅。

—规格	—维修指南
—示意图和布线图	—说明与操作
—部件定位	—专用工具和设备
—诊断信息和程序	

小知识

在维修手册的章节中包含有规格、示意图和布线图、部件定位、诊断信息和程序、维修指南、说明与操作、专用工具和设备七个标题。

- 在规格这个标题下面可以查找到螺栓的拧紧力矩、系统所用的油液和容量、系统所用部件的参数。
- 在示意图和布线图这个标题下面可以查找到该系统的线路图。
- 在部件定位图这个标题下面可以查找到该系统机械或线路部件的位置。
- 在诊断信息和程序这个标题下面可以查找到一些维修策略的详细步骤、诊断故障码的详细解释和出现故障码的检修流程、TECH 2 上每项数据的解释。
- 在维修指南这个标题下面可以查找到该系统的部件拆装步骤。
- 在说明与操作这个标题下面可以查找到该系统主要部件的介绍及对线路图的走向说明介绍。
- 在专用工具和设备这个标题下面可以查找到维修该系统时所需用到的专用工具名称及专用工具的图形和编号。

在查找维修手册时，首先要了解查找目标，确定需要查找的项目应该属于哪一个章节，然后再翻到相对应章节的目录，确定需要查找的项目应该属于该章节的哪一个系统，再根据需要查找的项目来确定属于该系统的哪一个标题，最后再根据标题确定具体的页数。

③请在别克凯越维修手册目录(表8-1)中找出关于“轮胎型号和充气压力”的部分，并标注出来。

别克凯越维修手册目录　　表 8-1

3-2　目录	悬架系统

④表 8-2 是别克凯越乘用车维修手册中关于“轮胎型号和充气压力”部分的内容，请回答以下的问题。

维修手册中部分内容　　表 8-2

3E-2　规格	轮胎和车轮

规格

轮胎尺寸和压力规格

满载充气压力

轮胎	车轮	前		后	
		千帕	磅/平方英寸	千帕	磅/平方英寸
195/55R15	6J×15(合金)	205	30	205	30

a. 别克凯越乘用车装用的轮胎的规格为__________。

b. 解释轮胎规格中各项的含义____。

c. 车辆上轮胎气压标签的标注位置：__________________________________。

d. 记录你所检查车辆的轮胎气压(表 8-3)。

轮胎气压记录表　　表 8-3

轮胎气压数值记录	左前轮:______kPa;右前轮:______kPa; 左后轮:______kPa;右后轮:______kPa
检查结论	
处理方法	

⑤查阅资料，说明别克凯越乘用车以下与轮胎气压有关的问题。

轮胎气压的检查条件：□冷车　□热车　□车辆轮胎着地　□车辆轮胎不着地

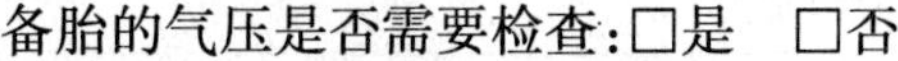
备胎的气压是否需要检查:□是　□否

(2)动力转向液液面高度的检查方法。

①别克凯越乘用车的动力转向液储液罐如图8-9所示,请找出液面标记并说明标记的含义。

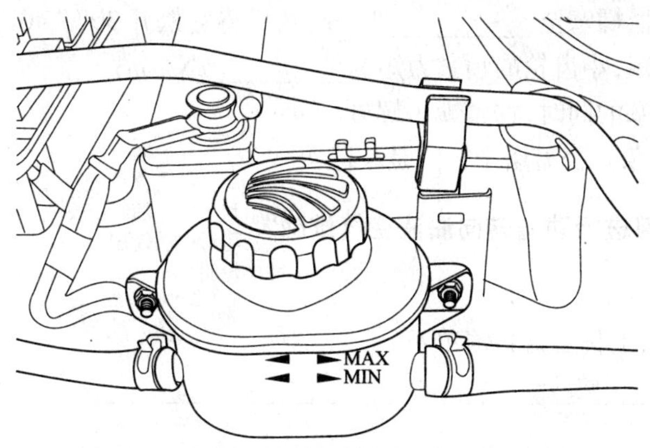

图8-9　别克凯越乘用车动力转向液储液罐上的标记

MAX ________　MIN ________

②查阅资料,说明别克凯越乘用车动力转向液检查时:

如果油液温度为66℃(150°F),油液的液面应介于________和________之间。

如果油液温度为21℃(70°F),液面应位于________标记处。

如果油液液面不符合要求,请添加油液至正常范围。

结论:____

____

____

处理方法:____

____

____

添加动力转向液是否完成:□是　□否

引导问题7　如何进行齿轮齿条式转向器齿条轴承预紧度调整?

(1)别克凯越乘用车齿轮齿条式转向器的基本结构如图8-10所示,请在图中标注出锁止

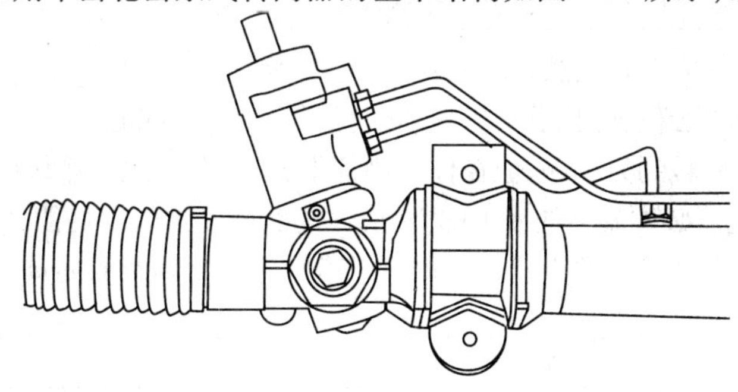

图8-10　别克凯越乘用车齿轮齿条式转向器

螺母和调节器塞的位置。

(2)调整步骤:

①松开锁止螺母;

②顺时针拧调节器螺塞至__________N · m,然后将它松开30° ~40°;

③检查小齿轮转矩,小齿轮的预紧力矩为__________N · m;

④在固定调节器塞的同时,拧紧锁止螺母。

(3)在调整前,齿条是否需居中? □是 □否

引导问题8 如何进行动力转向油液空气排除?

(1)作业准备。

①列出所需设备、工具及材料清单:

____

____

____

②车辆作业准备:

检查举升机	□ 任务完成
车辆开进工位	□ 任务完成
停车,打开发动机罩	□ 任务完成
铺上护套	□ 任务完成
确定顶车位置	□ 任务完成
稍微举升车辆	□ 任务完成
检查车辆是否平稳	□ 任务完成

(2)操作步骤。

小提示

动力转向系统经过维修,必须从转向机构排出空气,才能得到正确的液面读数。油液中的空气可能导致泵产生气蚀噪声,时间一久,还会导致泵损坏。

动力转向系统中的空气排放有两种方式,一种是人工排放,一种是专用工具排放。

以下各个操作步骤前的序号只是编号,并不代表操作次序,请你仔细阅读并分析后进行排序。

动力转向油液空气人工排放操作步骤:____

①将转向盘转到中心位置,让发动机继续运行__________min。

②将转向盘从一侧转到另一侧,但在任一侧都不要打到底,放出系统中的空气。将液面保持在MIN(最低)标记。必须放出油液中的空气,才能获得正常转向性能。

如何判断动力转向油液中的空气已经排除干净?你认为判断的要点有:

a. ____

b. ____

c. ____

③再次检查液面，必要时，添加油液，使液面达到__________标记。
④启动发动机，使发动机在怠速下运行。
⑤将转向盘向左打到底，将动力转向液添加至油液液面指示器的__________标记。
⑥对车辆进行路试，确保转向功能正常且没有噪声。
⑦重新检查液面。
⑧确保系统达到正常工作温度并稳定后，液面应达到 MAX(最高)标记，必要时添加油液。
你认为以上步骤是否有值得改进之处？□有　　□无
若有，请说明你的改进意见。

____
____
____

引导问题9　如何进行齿轮齿条式转向器的更换？

(1)作业准备。
①列出所需设备、工具及材料清单：

____
____
____

②车辆作业准备：

检查举升机	□任务完成
车辆开进工位	□任务完成
停车，打开发动机罩	□任务完成
铺上护套	□任务完成
确定顶车位置	□任务完成
稍微举升车辆	□任务完成
检查车辆是否平稳	□任务完成

(2)操作步骤。
①断开蓄电池负极电缆，如图8-11所示。
②拆卸____________________________________。
③断开动力转向机进液管，如图8-12所示。
断开动力转向机进液管之前需要完成的准备工作有以下几项：
a. ____________________________________
b. ____________________________________
c. ____________________________________
④拆卸__________螺栓，如图8-13所示。
此螺栓的规格为：____________________________________。
⑤拆卸外转向横拉杆球节紧固螺母，并用球节拆卸工具__________从转向节上断开外转向横拉杆，如图8-14所示。

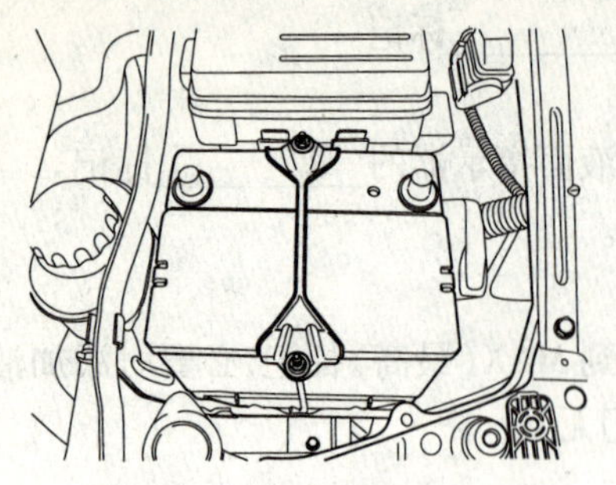

图 8-11　断开蓄电池负极电缆

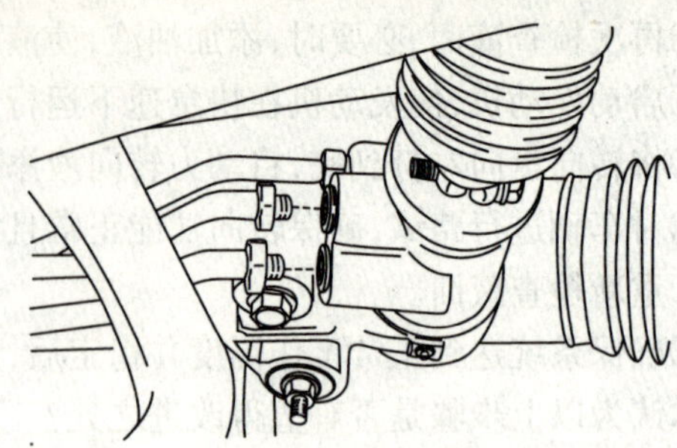

图 8-12　断开动力转向机进、出液管

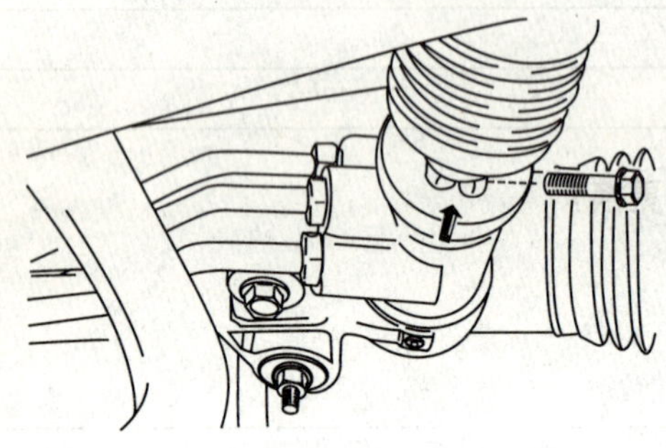

图 8-13　拆卸__________螺栓

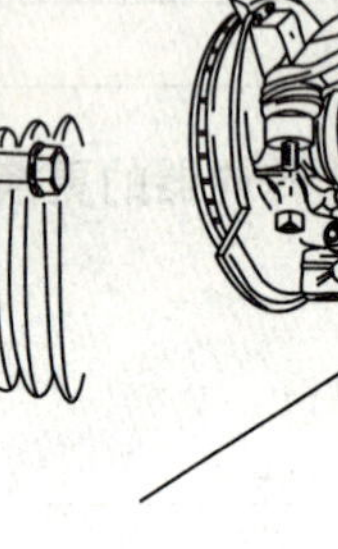

图 8-14　断开外转向横拉杆

注意事项：____

____

____

⑥从转向机装配架上拆卸螺母和螺栓，如图 8-15 所示。

此螺栓总共有__________个；

它们的规格为__________；

从横梁卡夹上还有一个需要拆卸的元件为__________________________________。

⑦拆卸变速驱动桥中心托架固定螺栓，移开变速驱动桥中心托架，如图 8-16 所示。

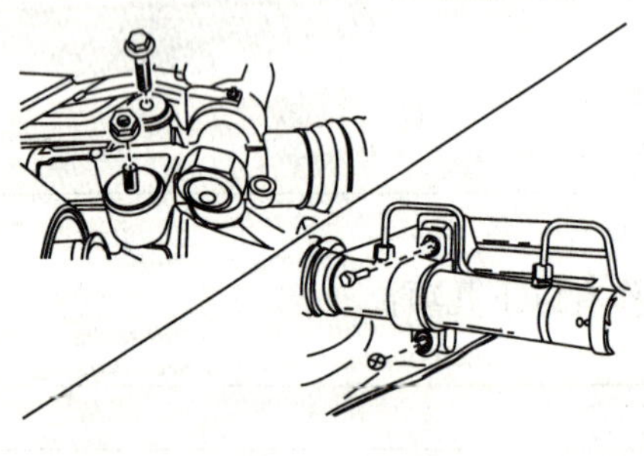

图 8-15　拆卸转向机装配架螺母和螺栓

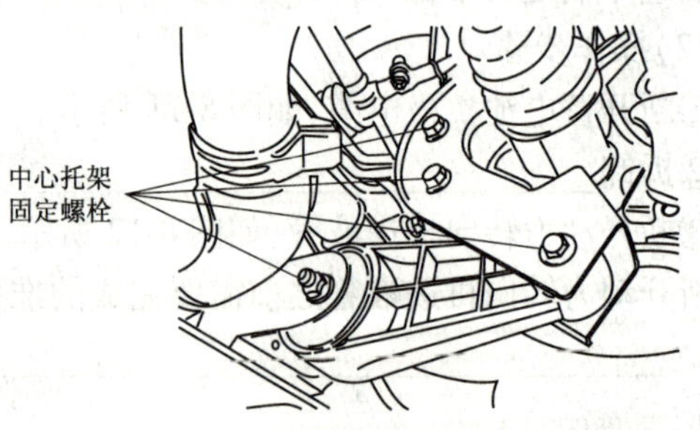

图 8-16　拆卸变速驱动桥中心托架固定螺栓

⑧从横梁总成上拆卸__________总成；调整齿条和小齿轮总成的齿条预紧度。

⑨将齿条和小齿轮总成安装到横梁上，如图 8-17 所示。

安装前的准备工作有：

a. ____

b. ________________

⑩将螺栓和螺母安装到转向机装配架上，如图 8-18 所示；紧固转向机装配架螺栓和螺母至________N · m。

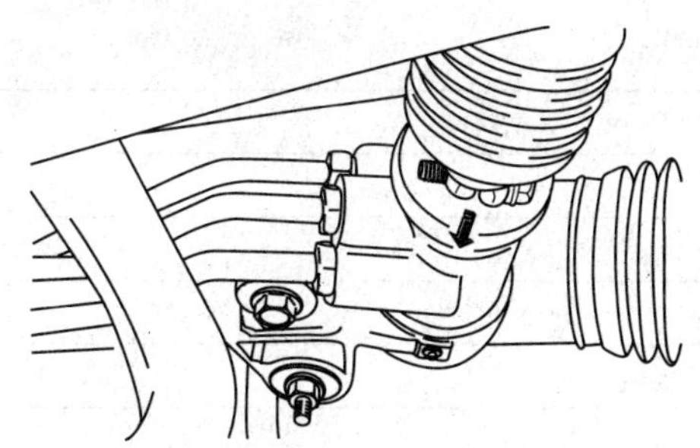

图 8-17 安装齿条和小齿轮总成

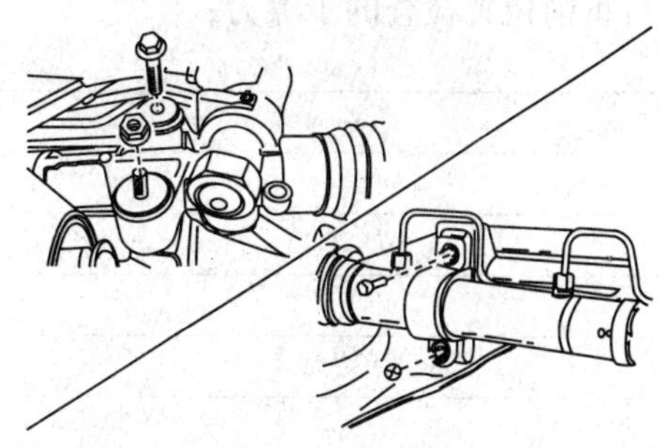

图 8-18 安装转向机装配架螺栓螺母

⑪将________安装到横梁卡夹上，如图 8-19 所示，紧固________卡夹螺栓至________N · m。

⑫在装备手动变速驱动桥的车辆上，将变速驱动桥中心托架就位，并安装托架至发动机和变速驱动桥的固定螺栓；紧固变速驱动桥中心托架至变速驱动桥螺栓及变速驱动桥中心托架至发动机螺栓至________N · m，如图 8-20 所示。

⑬在装备自动变速驱动桥的车辆上，安装变速驱动桥中心托架。

⑭将外转向横拉杆连接到转向节上，如图 8-21 所示，安装________紧固螺母，紧固螺母至________N · m。

⑮安装下中间轴夹紧螺栓，如图 8-22 所示，紧固螺栓至________N · m。

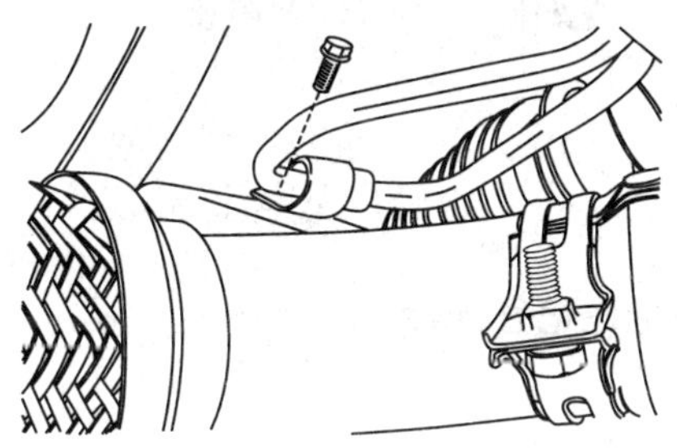

图 8-19 安装回油管到横梁卡夹上

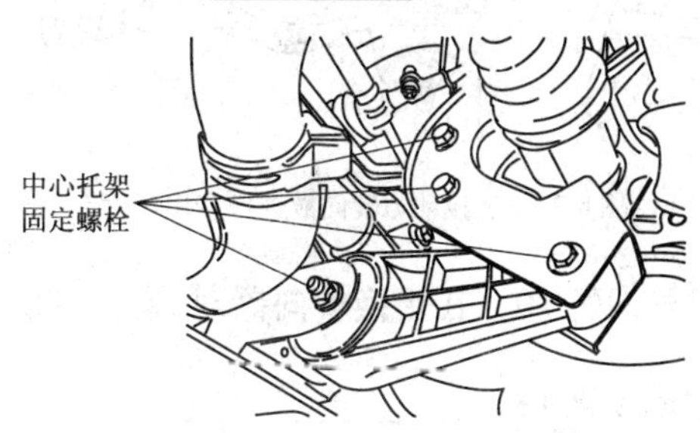

图 8-20 安装变速驱动桥中心托架

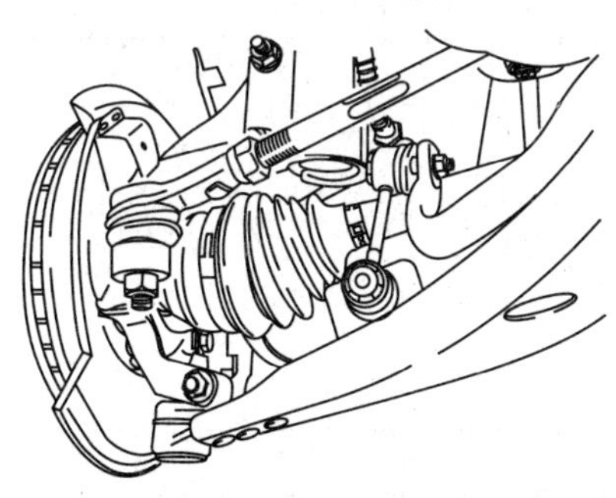

图 8-21 安装外转向横拉杆到转向节

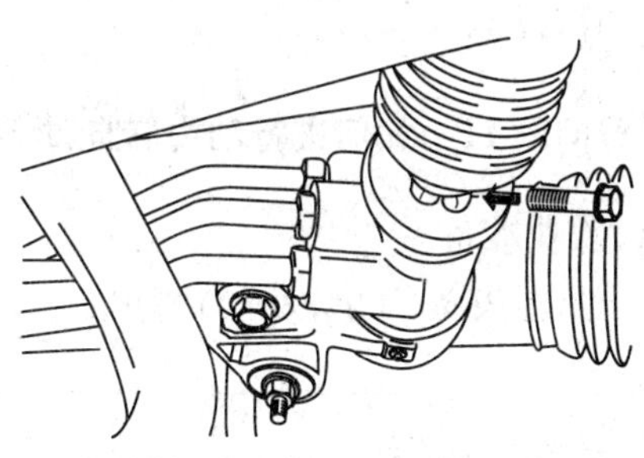

图 8-22 安装下中间轴夹紧螺栓

⑯连接__________,如图 8-23 所示,紧固接头至__________N·m。

⑰安装车轮,调整前轮前束,降下车辆。

⑱执行正前位置检查,如图 8-24 所示。

执行正前位置检查的步骤为:

a. ____

b. ____

c. ____

d. ____

标准应为:内侧车轮最大转向角:37.5°;

外侧车轮最大转向角:31°。

⑲重新加注动力转向系统并检查是否泄漏。如果发现泄漏,排除故障并放出系统中的空气。

⑳连接蓄电池负极电缆。

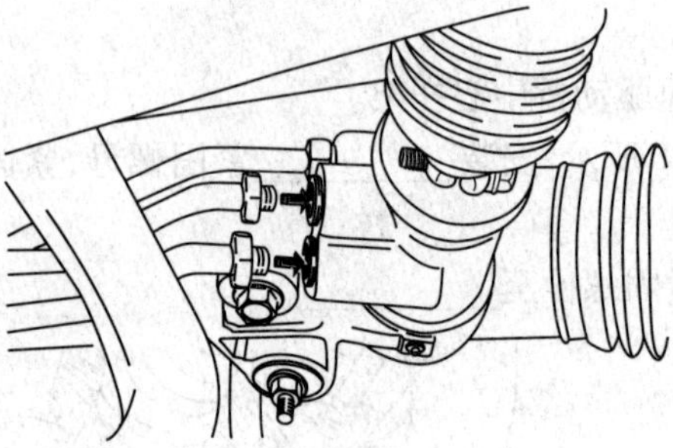

图 8-23 连接动力转向液进口和出口管

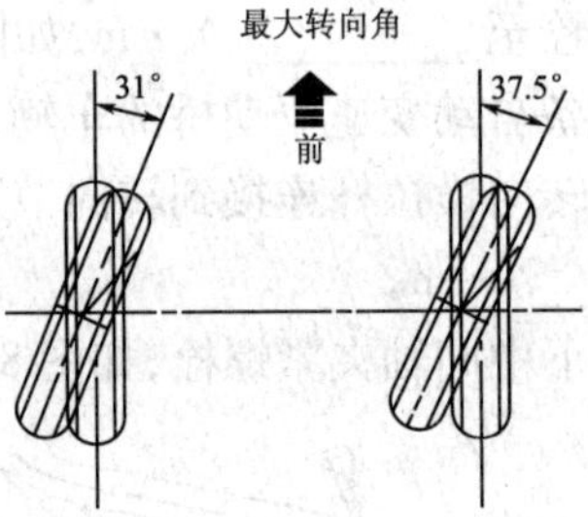

图 8-24 最大转向角

引导问题 10 在更换转向器时,需要在哪些地方标注记号,请列举。

标记位置 1:________________________________

标记位置 2:________________________________

标记位置 3:________________________________

标记位置 4:________________________________

引导问题 11 如何进行动力转向油泵的更换?

(1)作业准备。

列出所需设备、工具及材料清单:

____

(2)操作步骤。

①在拆卸动力转向泵前,分析是否需要先将动力转向系统的动力转向液排出,如果需要,如何才能保证将动力转向系统的动力转向液排除干净?

是否需要:□需要　　□不需要

动力转向液排出步骤:

a. ______

b. ______

c. ______

d. ______

②查阅资料,列出别克凯越乘用车动力转向油泵的拆卸步骤。

拆卸步骤1:______

拆卸步骤2:______

拆卸步骤3:______

拆卸步骤4:______

拆卸步骤5:______

拆卸步骤6:______

> **小提示**
>
> 以下是动力转向泵的安装步骤,各个操作步骤前的序号只是编号,并不代表操作次序,请你参考动力转向泵的拆卸顺序对其进行重新排序,并填写螺栓的紧固力矩。

重新排列后的次序为:______

①将供油软管连接至动力转向泵;

②安装蛇形附件传动皮带;

③将高压软管接头连接至动力转向泵,紧固高压软管接头至______N·m;

④将新的动力转向泵安装到车上,然后再安装两条动力转向泵螺栓,紧固两条动力转向泵螺栓至______N·m;

⑤排放动力转向系统中的空气;

⑥向下转动动力转向泵托架,然后安装右前侧螺栓,紧固两条右动力转向泵托架螺栓至______N·m;

⑦重新加注动力转向液。

四、评价与反馈

1. 小组成果展示

简述本小组收获与体会。

(1)______

______

(2)______

______

(3)____

你对其他小组的建议。

(1)____

(2)____

2. 评分(表8-4)

评分表　　表8-4

考核项目	评分标准	分数	学生自评	小组互评	教师评价	小计
团队合作	是否和谐	5				
活动参与	是否积极主动	5				
安全生产	有无安全隐患	10				
现场5S	是否做到	10				
任务方案	是否正确、合理	15				
操作过程	轮胎气压检查;动力转向液液面高度检查;齿轮齿条式转向器轴承预紧度调整; 动力转向油液空气排除;齿轮齿条式转向器的更换;动力转向油泵的更换等是否规范	30				
任务完成情况	是否圆满完成	5				
工具、设备使用	是否规范、标准	10				
劳动纪律	是否能严格遵守	5				
工单填写	是否完整、规范	5				
总分		100				
教师签字:		年　月　日			得分	

注意:违反操作规程,出现人身伤害或设备严重事故,本任务考核0分。

五、拓展训练

(1)查阅资料,说明丰田威驰、大众捷达、宝马740L等乘用车的动力转向系统的结构特点。

①丰田威驰乘用车动力转向系统的结构特点:

②大众捷达乘用车动力转向系统的结构特点：

③宝马740L乘用车动力转向系统的结构特点：

(2)汽车转向不灵敏、操纵不稳定的故障原因有哪些？

(3)如何对动力转向系统防过载装置进行检查和调整？

学习任务9　汽车制动失灵故障的诊断与排除

工作情境描述

一辆别克凯越乘用车，行驶里程100982km，驾驶员在行驶过程中突然发现制动失灵，驾驶员依靠驾驶经验将车辆靠边停稳后打电话求救，考虑到检修过程中可能需要举升车辆，现场无法施工，已经用拖车将车辆拖回公司，由你们小组负责排除本车的制动失灵故障。

学习目标

通过本学习任务的学习，你应当能：

1. 描述别克凯越汽车制动系统的结构特点；
2. 辨别制动失灵的故障现象；
3. 分析故障产生的原因，制订诊断检查计划，正确进行故障部位检查；
4. 根据维修手册，在40min内安全规范地完成制动液更换及系统排气，正确进行废油的处理；
5. 根据维修手册，在45min内安全规范地完成制动摩擦片更换；
6. 根据维修手册，在60min内安全规范地完成制动主缸（总泵）的更换；
7. 根据维修手册，在20min内安全规范地完成驻车制动器的行程调整；
8. 向客户解释故障判断及处理结果；
9. 把本次诊断与排除的故障编写成案例或技术公报。

学习脉络

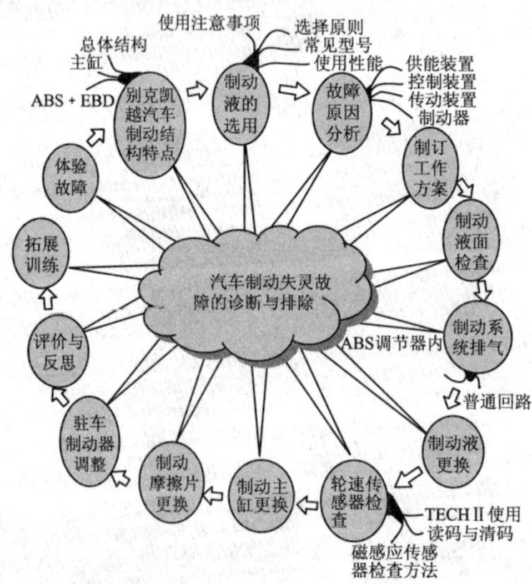

建议学习时间:10h

引导问题

一、任务准备

引导问题1 您体验到的教学车辆的故障现象是怎样的?

故障现象体验记录:____

____

____

引导问题2 别克凯越乘用车制动系统有何结构特点?

(1)上海通用别克凯越轿车制动系统基础制动系采用________助力器,________型制动管路布置,制动主缸(总泵)采用双活塞结构,前、后制动器均采用________制动器。驻车制动采用手操纵;装有防抱死制动系统(ABS 5.3)和EBD(又称________)。

(2)制动主缸(总泵)结构如图9-1所示,为串联双腔异径活塞式制动主缸,主活塞支持制动器,辅助活塞支持________________。

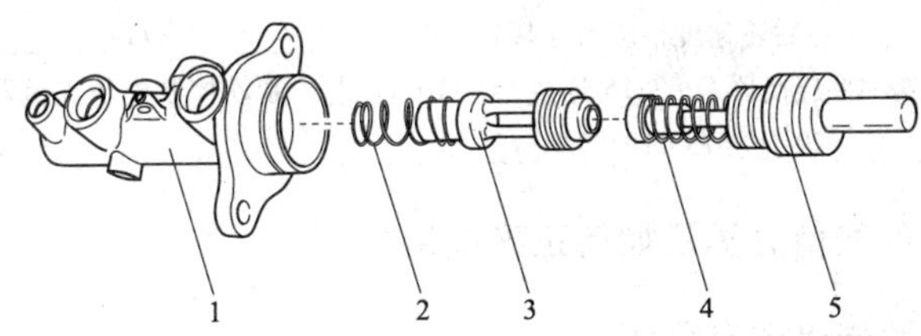

图9-1 别克凯越轿车制动总泵结构图

1-制动总泵壳体;2-__________弹簧;3-__________;4-__________弹簧;5-__________

(3)前、后轮速度传感器属于可变磁阻式,如图9-2所示,前轮速传感器连接在______________上,每个齿环有47个均匀分布的齿。后轮速度齿环嵌在____________中,不能单独更换,必须更换________________/________________/________________总成,如图9-3所示。

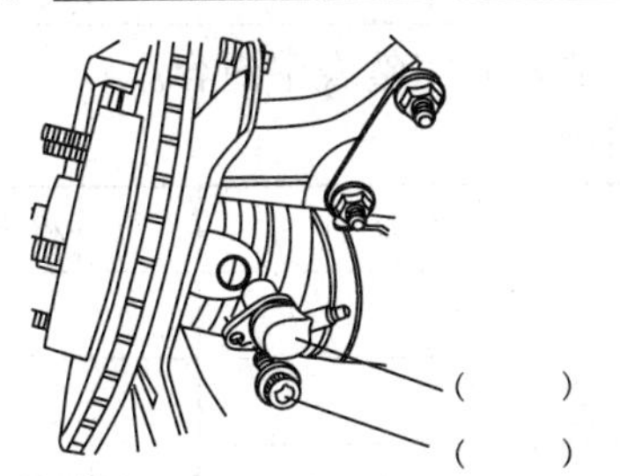

图9-2 别克凯越乘用车前轮速度传感器

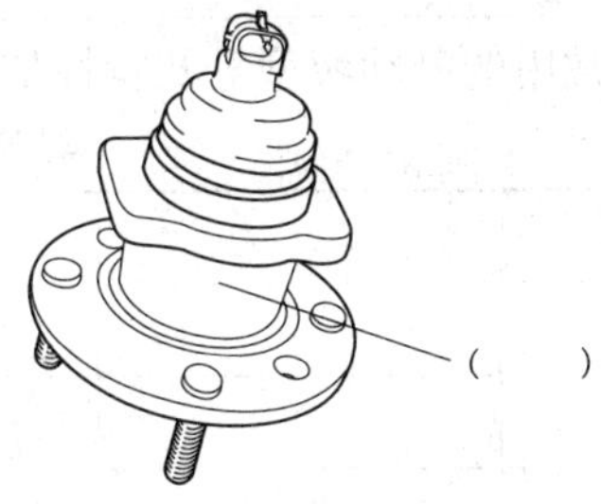

图9-3 别克凯越乘用车后轮速度传感器

(4)电子制动力分配(EBD)功能消除了传统的比例阀,通过防抱死制动系统安全逻辑功能监视后轮是否相对于前轮打滑,如果检测到打滑,后轮进口阀将被切换到________的位置,防止后轮制动器压力进一步上升。别克凯越乘用车的 ABS + EBD 系统的总体结构如图 9-4 所示。

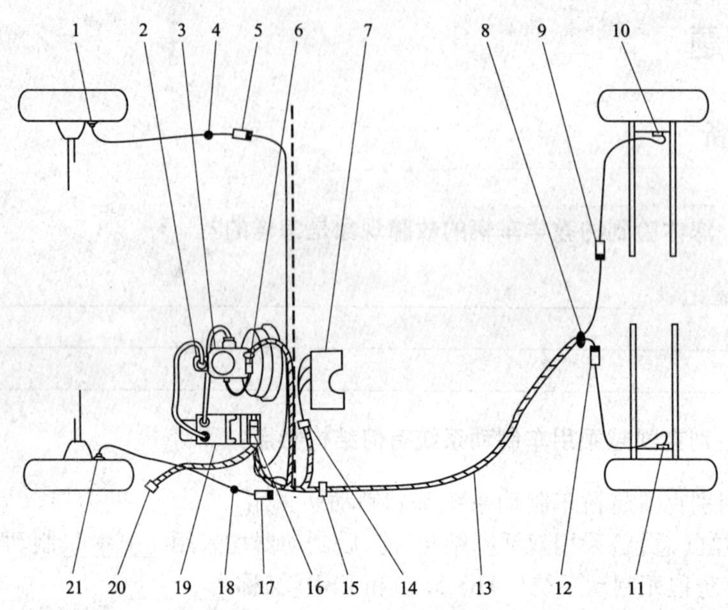

图 9-4　别克凯越汽车 ABS + EBD 系统的总体结构图

1-________; 2-________;3-________;4-护圈;5-右前轮速度传感器连接器;6-制动液液面开关连接器;7-仪表组;8-连接器 C302;9-右后轮速度传感器连接器;10-________;11-________;12-左后轮速度传感器连接器;13-车身线束;14-连接器 C202;15-连接器 C110;16-电子制动控制模块连接器 ;17-左前轮速度传感器连接器;18-护圈;19-________20-连接器 C107;21-________

引导问题 3　制动液如何分类及如何正确选用?

(1)制动液的使用性能要求有哪些?

①________

②________

③________

④________

⑤________

(2)目前常用的制动液型号及特性如表 9-1 所示,请补充完整表中内容。

常用制动液型号及特性　　表 9-1

制动液型号	颜　色	材　料	吸 水 性	相 溶 性
DOT3				
DOT4				
DOT5	紫色	硅酮基	不易吸水	与 DOT3 和 DOT4 不相溶

(3)汽车制动液的选择原则有哪些?

____

____

____

(4)汽车制动液的使用注意事项有哪些?

____

____

____

引导问题4　哪些原因可能导致制动失灵故障?

别克凯越乘用车制动失灵的故障原因有哪些?请列举。

(1)____________________

(2)____________________

(3)____________________

(4)____________________

(5)____________________

(6)____________________

(7)____________________

(8)____________________

二、方案制订与优选

引导问题5　根据以上分析,如何制订与优选工作方案?

请你制订检修别克凯越乘用车制动失灵故障的故障诊断流程。

____

____

____

三、实施与控制

引导问题6　如何进行制动失灵故障的诊断?

(1)制动液液面的检查方法。

①制动储液罐的安装位置在____________________

②制动储液罐上有无液面标记?□有　　　　□无

如果有,请标记在图9-5上,并说明标记的含义。

____

____

____

图9-5中储液罐上插接器所连接的元件的名称为____________，这个元件的作用是____________________________。

图9-6所示的报警灯的名称是____________，其点亮的条件是____________________和____________________。

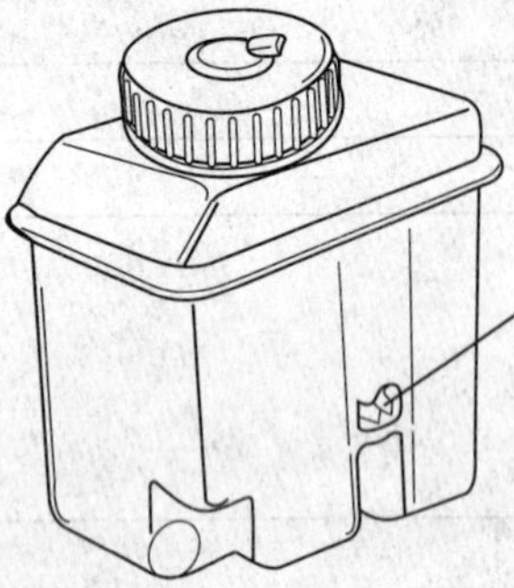

图9-5 别克凯越乘用车制动贮液罐

图9-6 别克凯越乘用车制动报警灯

③制动液储液罐中的制动液能否加注过满？□能 □不能

如果不能，请说明理由以及加注过满的危害：____________________________

④打开制动液储液罐盖之前，如果发现制动液储液罐盖及周围有很多灰尘，你的处理方法是：____________________________

说明这样做的理由：____________________________

⑤制动液储液罐盖能否长时间打开？□能 □不能

如果不能，请说明理由：____________________________

⑥记录你所检查的液面。□合格 □不合格

制动液的颜色____________，别克凯越乘用车加注的制动液的型号为____________。

除此之外，还有其他型号的制动液吗？如果有，请记录型号及颜色。

制动液型号____________，制动液颜色____________；

制动液型号____________，制动液颜色____________。

(2)制动系统的排气方法。

①在哪些情况下，空气可能进入制动系统？

____

②制动系统中如果有空气进入，对制动系统最直接的影响是：____________________________

③如果只更换了右后车轮制动分泵，在进行制动系统排气时是否只需要排除右后分泵管路中的空气？ □是　□否

如果不是，应该按照右后→__________→__________→__________的次序进行排气。

④排气步骤。

> **小提示**
>
> 以下是制动系统排气需要的一系列操作，前面的序号只是编号，并不代表操作的次序，请你分析后进行排序，并按照你自己的排序进行实车的制动系统排气操作。

你的排序是：____

a. 慢踩制动踏板并保持在最低位置。

b. 在发动机熄火时，连续踩制动踏板数次，直到完全消除助力器中的压力。

c. 紧固放气螺钉，安装排气阀防尘帽。

d. 向制动主缸（总泵）储液罐中加注新制动液。

e. 找到并取下右后排气阀帽，将一根透明管连接到排气阀门上，使管浸入透明容器中的制动液。

f. 将一根透明管连接到前排气阀门上，从最长的制动管路开始，按照交叉排气的顺序，即右后→左前→左后→右前的次序排放制动器中的空气。

g. 检查制动踏板是否绵软。重复整个放气程序，校正该状况。

h. 慢踩制动踏板并保持在最低位置，拆卸排气阀门防尘帽并松开放气螺钉，缓慢松开制动踏板。等候 3 ~5 s，然后再继续，重复本程序，包括 3 ~5 s 等候。

你认为以上步骤是否有值得改进之处？ □有　　　□无

若有，请说明你的改进意见。

____

____

____

（3）ABS 压力调节器内的空气如何排除？

用上述传统的排气方法，只能排除制动主缸和制动管路中的空气，如果要排除 ABS 压力调节器内的空气，则需要使用上海通用系列乘用车的专用诊断仪 TECH 2。图 9-7 为 TECH 2 的外形及基本组成。

学习关于 TECH 2 诊断检测仪基本操作步骤的资料，实车使用 TECH 2 诊断检测仪排除 ABS 压力调节器内的空气，并记录你的操作步骤。

步骤 1：____

步骤 2：____

步骤 3：____

步骤 4：____

步骤 5：____

步骤 6：____

步骤7：________________

步骤8：________________

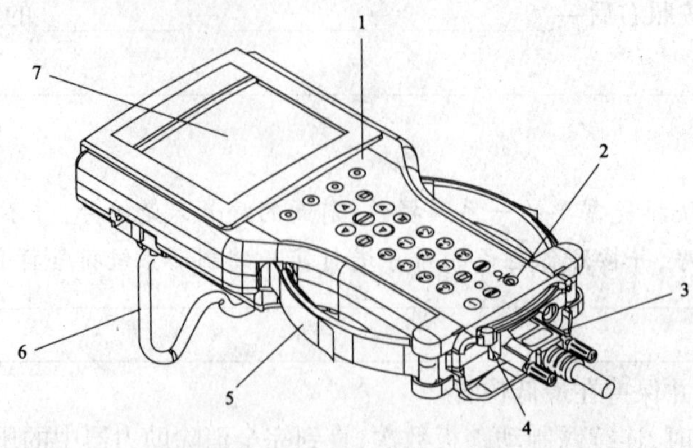

图9-7 TECH 2 的外形及基本组成

1-键盘;2-开启和关闭按钮;3-DLC 电缆连接;4-VCI(车辆通讯接口)锁定杆;5-可调皮带;6-倾斜支杆;7-显示屏

小知识:TECH 2 诊断检测仪操作步骤

TECH 2 诊断检测仪由液晶显示屏、四个“软键”、标准键盘、车辆通信接口模块和 RS-232 通信端口组成,通过更换不同的插接卡片可以测试不同的车型,操作步骤如下。

(1)接通电源,仪器进入自检状态,屏幕进行“SYSTEM INITIANLIZING(系统初始化)”,约 4s;当仪器发出一声蜂鸣提示音后,屏幕将会显示仪器的版本信息。

(2)按回车键进入主菜单,屏幕显示: F0-诊断, F1-服务程序系统, F2-显示捕捉数据, F3-工具选项, F4-启用。

(3)通过上下光标键选中目标,按回车键确认。

(4)选择 F0 功能,进入车辆规格选项,通过移动光标键选择年款。按回车键,进入车辆系统,选择合适类型,再按回车键进入系统选择菜单,屏幕显示:F0-发动机动力,F1-车身,F2-底盘,F3-诊断电路检查。

(5)移动光标键选择 F0 ,按回车键进入发动机类型选项,此时可选择 3.2L V6G8 或 3.1L V6L82 两种型号,选择前者按回车键直接进入下述功能;选择后者按回车键后,还要选择 BUICK ,回车,才能进入以下功能,屏幕显示:F0-故障代码(DTC),F1-数据显示,F2-特殊功能,F3-捕捉,F4-I/M 信息,F5-ID 信息。

(6)选择 DTC ,按回车键,进入诊断代码功能: F0-DTC 信息, F1-失败记录,F2-清除故障码,F3-捕捉信息。

(7)移动光标键选择 F0 ,按回车键确定,进入以下界面:F0-DTC 信息,F1-查阅故障码(特殊 DTC),F2-清除故障码后记录, F3-诊断测试说明。

(8)移动光标键选择 F0 ,按回车键确定,显示故障代码。通过光标键翻页;或按 INFO 对应键,可提供有关帮助信息。

(9)返回“7”中,选择 F1 ,按回车键确定,进入故障查询界面,此时可通过故障代码的输入,查询所指代的故障,并提供有关帮助信息。

(10)返回到“6”中,选择 F1 ,按回车键确定,此时可显示故障代码。

(11)返回到“6 ”中,选择 F2 ,按回车键确定,屏幕提示:真的要清除吗?(Y/N),按 Y 键清除,按 N 键取消。

(12)返回到“6”中,选择 F3 ,按回车键确定,屏幕显示:重新捕捉信息、重复显示、提示的确要刷新吗(Y/N),按 Y 键重新捕捉,按 N 键重复显示。

(13)返回到“5”中,选择 F2 ,按回车键确定,屏幕显示:发动机、变速器。

(14)移动光标键选择“发动机”,按回车键确定,进入以下操作界面:F0-发动机数据,F1-催化剂数据,F2-EGR 阀数据,F3-氧传感器数据,F4-仪表数据,F5-点火数据, F6-输出驾驶员数据, F7-炭罐数据。

(15)移动光标键选择 F0 发动机数据,按回车键进入以下界面:发动机转速、理想怠速、水温、进气温度、空气流量传感器、发动机负荷等共 58 项内容 。

(16)选择其中一项,可进行测试。

(17)返回“ 5”,移动光标键选择 F2 “特殊功能”,按回车键进入以下界面:发动机输出控制、变速器输出控制、燃油系统、怠速控制系统、曲轴位置变化学习功能。

(18)选择发动机输出控制,按回车键,屏幕显示:风扇继电器、故障指示灯、空调继电器、炭罐系统、EGR 电磁阀、闭环数据、巡航控制、燃油泵、GENL -终端。

(19)通过选择可进入相应功能。

引导问题 7 如何进行制动液的更换?

(1)作业准备。

①列出所需设备、工具及材料清单:

____

____

____

②车辆作业准备:

检查举升机 □任务完成

车辆开进工位 □任务完成

停车,打开发动机罩 □任务完成

铺上护套 □任务完成

确定顶车位置 □任务完成

稍微举升车辆 □任务完成

检查车辆是否平稳 □任务完成

(2)操作步骤。

①哪些情况下需要更换制动液?

____

____

____

②更换制动液和制动系统排气相比,需要增加哪些步骤?

______

______

______

引导问题 8　如何进行制动摩擦片的更换?

(1)作业准备。

①列出所需设备、工具及材料清单:

______

______

______

②车辆作业准备。

检查举升机　□任务完成

车辆开进工位　□任务完成

停车,打开发动机罩　□任务完成

铺上护套　□任务完成

确定顶车位置　□任务完成

稍微举升车辆　□任务完成

检查车辆是否平稳　□任务完成

(2)操作步骤。

①在哪些情况下需要更换制动摩擦片?

______

______

______

②别克凯越乘用车前后制动摩擦片的更换周期一样吗? □一样　□不一样

制动摩擦片磨损更换的标准:

前制动摩擦片厚度小于________mm;后制动摩擦片厚度小于________mm。

③前制动摩擦片更换。

小提示

以下前制动摩擦片更换各个操作步骤前的序号只是编号,并不代表操作次序,请你仔细阅读并分析后进行排序。

实际的操作排序:____。

a. 用 150mm 游标卡尺测量最小衬片厚度,内外衬片实测厚度为______mm;

b. 拆卸前轮;

c. 降下车辆;

d. 安装前轮;

e. 举升并妥善支承车辆；

f. 将制动块安装到制动钳中；

g. 向下拉制动钳活塞壳体并用下螺栓将其固定到固定架上，紧固固定架至制动钳壳体螺栓至______N·m；

h. 拆卸制动块；

i. 拆卸制动钳总成固定架下螺栓，向里按压活塞，向上拔出制动钳活塞壳体。

你认为以上步骤是否有值得改进之处？□有　　□无

若有，请说明你的改进意见。

____

____

____

(3)后制动摩擦片更换与前制动摩擦片更换的不同之处有哪些？

____

____

____

引导问题9　如何进行制动主缸(总泵)的更换？

(1)作业准备。

①列出所需设备、工具及材料清单：

____

____

____

②车辆作业准备：

____

____

____

(2)列出本次制动主缸(总泵)更换的注意事项。

____

____

____

(3)制动主缸(总泵)的拆卸。

如图9-8、图9-9所示，可以帮助你理解制动主缸(总泵)的拆装过程，仅作为你工作时的参考。

你制订的制动主缸(总泵)的拆卸步骤为：

①______________________________

②______________________________

③______________________________

④______________________________

⑤____

⑥____

⑦____

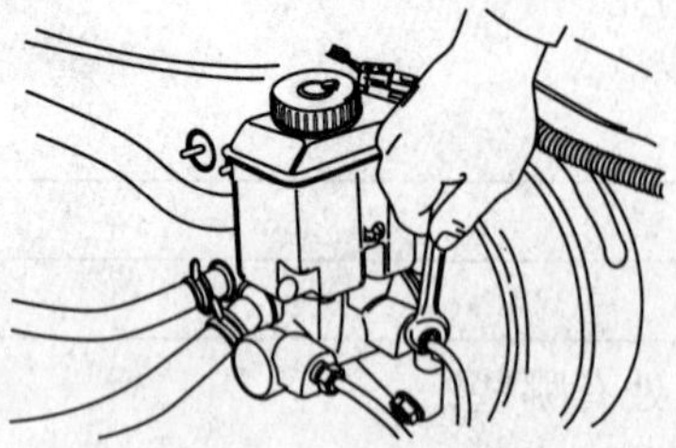

图 9-8　拆下制动主缸(总泵)上制动油管

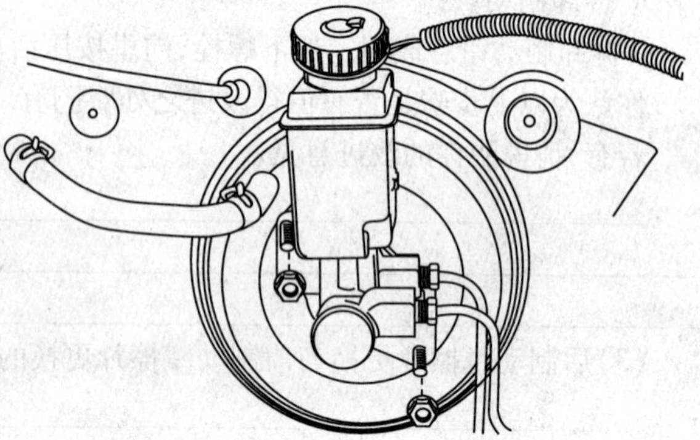

图 9-9　拆下制动主缸(总泵)连接螺母

(4)制动主缸(总泵)的安装。

依据以上制动主缸(总泵)的拆卸顺序的相反顺序进行制动主缸(总泵)的安装。其中,制动主缸(总泵)连接螺母的紧固力矩为______N·m;

制动油管的紧固力矩为______N·m;

更换制动主缸(总泵)完毕添加制动液后是否需要重新排气?□需要　　　□不需要

引导问题 10　如何进行驻车制动器的行程调整?

(1)作业准备。

①列出所需设备、工具及材料清单:

____

____

____

②车辆作业准备:

____

____

____

③本次驻车制动器的行程调整的注意事项是:

____

____

____

④驻车制动器类型。

按照操纵方式可以分为:______________________________,别克凯越乘用车

属于 ________________。

按照驻车制动器的结构形式可以分为:____,别克凯越乘用车属于____________________。

(2)操作步骤。

如图9-10、图9-11所示,可以帮助你理解驻车制动器的结构行程调整的过程,仅作为你工作时的参考。

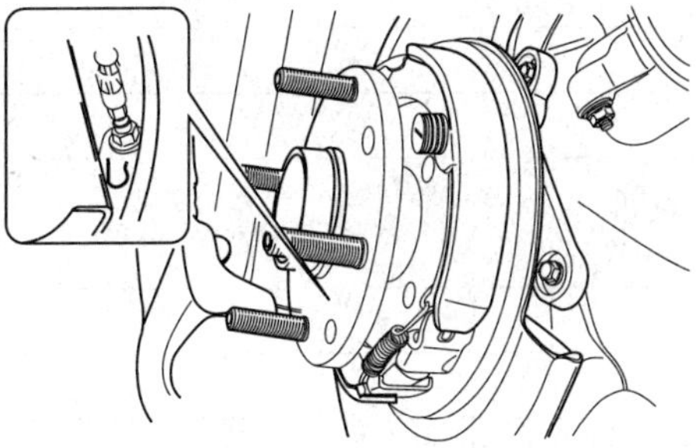

图9-10　从背板操纵杆上断开驻车制动拉线

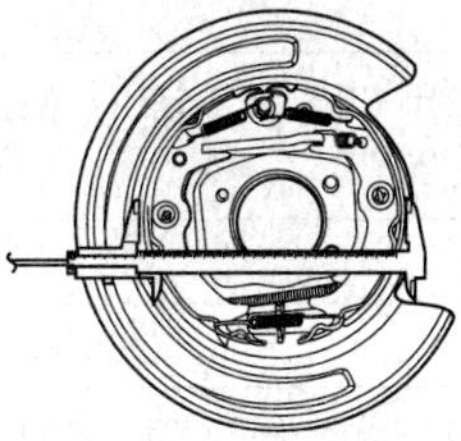

图9-11　使用游标卡尺调整蹄片直径

请你制订驻车制动器行程调整的操作步骤。

①____

②____

③____

④____

⑤____

⑥____

⑦____

⑧____

⑨____

⑩____

⑪____

⑫____

⑬____

⑭____

你认为以上步骤是否有值得改进之处? □有　　　□无

若有,请说明你的改进意见。

____

____

____

引导问题 11　如何用 TECH 2 读取 ABS 系统故障码?

(1)作业准备。

①列出所需设备、工具及材料清单:

②车辆作业准备:

③用 TECH 2 读取 ABS 系统故障码的注意事项:

(2)请你制订用 TECH 2 读取 ABS 系统故障码的操作步骤。

①

②

③

④

⑤

⑥

⑦

⑧

⑨

⑩

四、评价与反馈

1. 小组成果展示

简述本小组收获与体会。

(1)

(2)

(3)

对方案的反思:

你对其他小组的建议。

(1)______

______

(2)______

______

2. 评分(表9-2)

评　分　表　　表9-2

考核项目	评分标准	分数	学生自评	小组互评	教师评价	小计
团队合作	是否和谐	5				
活动参与	是否积极主动	5				
安全生产	有无安全隐患	10				
现场5S	是否做到	10				
任务方案	是否正确、合理	15				
操作过程	是否规范	30				
任务完成情况	是否圆满完成	5				
工具、设备使用	是否规范、标准	10				
劳动纪律	是否能严格遵守	5				
工单填写	是否完整、规范	5				
总分		100				
教师签字：			年　月　日		得分	

注意：违反操作规程，出现人身伤害或设备严重事故，本任务考核0分。

五、拓展训练

(1)查阅资料，说明丰田威驰、大众捷达、宝马740L等乘用车的制动系统的结构特点。

(2)汽车制动跑偏的原因有哪些？

(3)气压制动系统制动失灵故障的原因有哪些?

(4)驻车制动器的常见类型有哪些?

学习任务10　汽车轮胎异常磨损故障的诊断与排除

工作情境描述

一辆丰田威驰汽车，到4S店进行2万km维护，服务顾问在做环车检查时，发现两前轮磨损异常，内侧的磨损量要比外侧多，服务顾问与客户沟通后，在维护作业的同时增加轮胎磨损故障诊断与排除作业，安排你们小组解决此故障。

学习目标

通过学习，你应当能：

1. 描述丰田威驰汽车轮胎的结构特点；
2. 辨别典型的轮胎异常磨损现象；
3. 分析故障产生的原因，制订诊断检查计划，正确进行故障部位检查；
4. 根据设备使用说明书，正确使用四轮定位仪，在60min内完成车轮定位检查与调整；
5. 根据设备使用说明书，正确使用轮胎拆装机和轮胎动平衡仪，在30min内完成一只轮胎更换与动平衡。
6. 向客户解释故障判断及处理结果；
7. 把本次诊断与排除的故障编写成案例或技术公报。

学习脉络

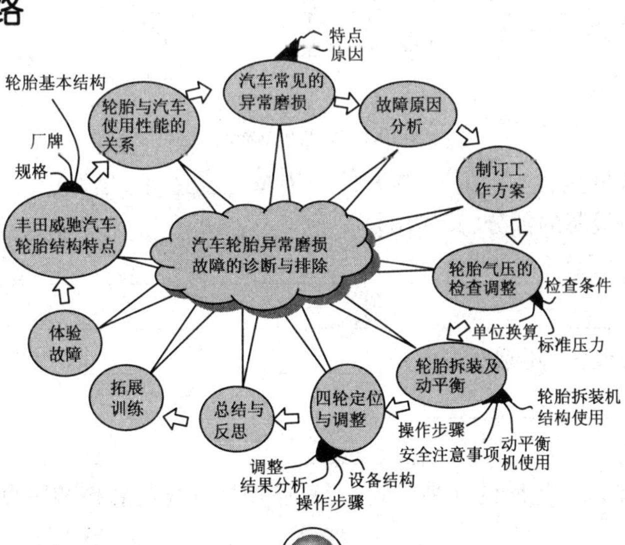

建议学习时间:10h

引导问题

一、任务准备

引导问题1　您体验到的教学车辆的故障现象是怎样的?

故障现象体验记录:____

____

____

引导问题2　丰田威驰汽车轮胎有何结构特点?

(1)汽车轮胎的基本结构包括哪几部分(图10-1)?

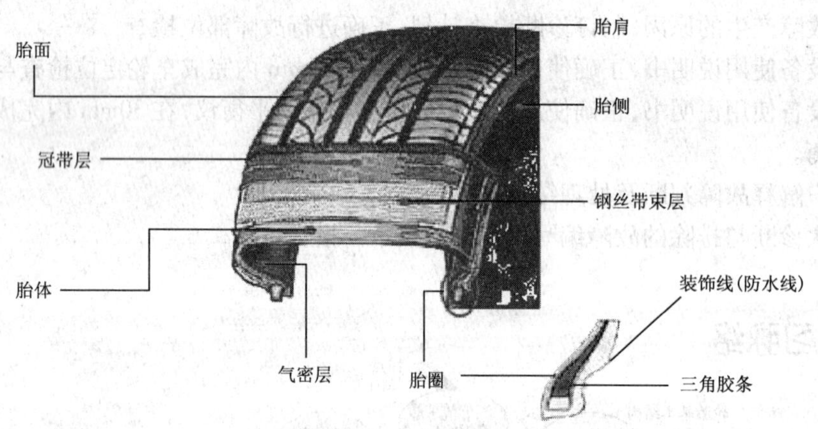

图10-1　轮胎的剖面图

①钢丝带束层又叫______________,它的作用是______________________________

②胎侧是轮胎中最薄的部分,其作用是______________________________________

____

____

胎侧最容易出现鼓包,其原因主要是____

____

____

③表10-1所示是汽车轮胎的几种花纹,请叙述每种花纹的名称和特点。

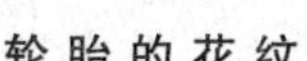

轮胎的花纹　　表10-1

轮胎花纹					
名称					
特点					

④如图10-2a)、b)所示为汽车轮胎的两种平衡块，它们有什么不同？

____

____

____

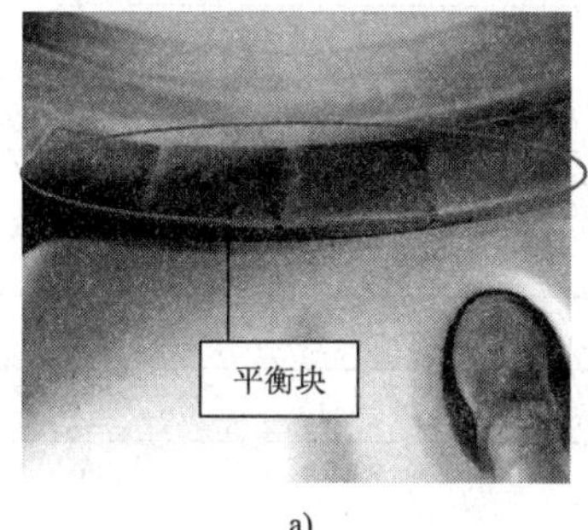

a)

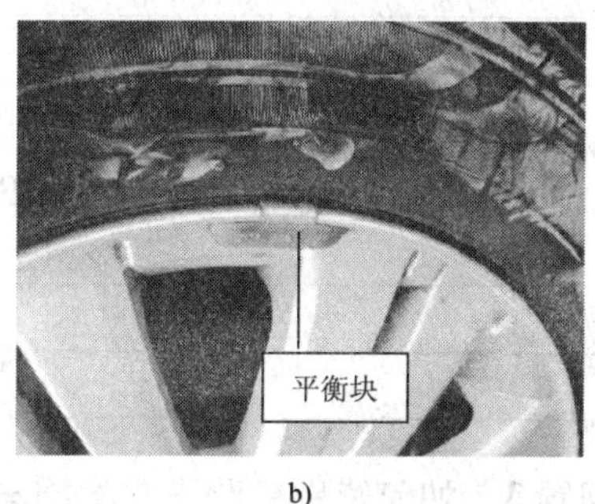

b)

图10-2　车轮上的平衡块

⑤轮胎的磨损标记如图10-3a)、b)所示，其位置与含义有何不同？

____

____

____

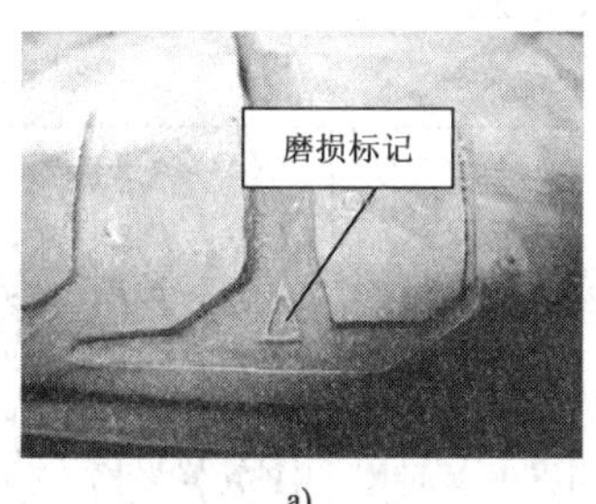

a)

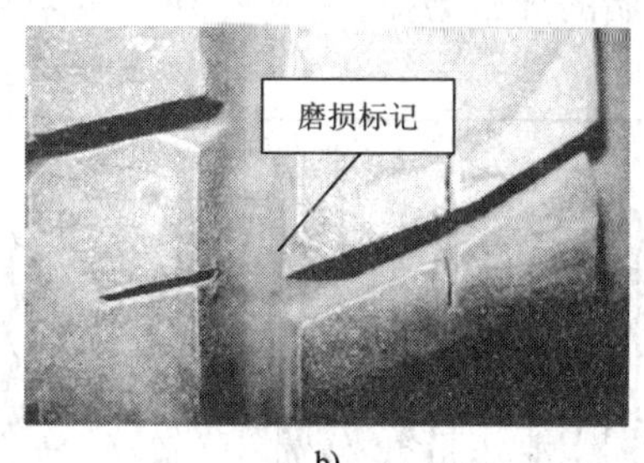

b)

图10-3　轮胎上的磨损标记

(2)何谓子午线轮胎？它与普通的轮胎相比有哪些优势？

____

____

(3)丰田威驰汽车装备的轮胎如图 10-4a)、b)所示,完成填空并问答问题。

a)

b)

图 10-4 轮胎的标识

①如图 10-4a)所示,轮胎上的字母表示轮胎的厂牌是____________,此外,轮胎的著名品牌还有哪些?

②如图 10-4b)所示,轮胎上的 185/60R15 的含义是:

引导问题 3 如何辨别轮胎正常磨损与异常磨损?

(1)何谓轮胎的正常磨损?

(2)轮胎的异常磨损,完成表 10-2 的填空,说明磨损的形式。

轮胎花纹异常磨损图表

表 10-2

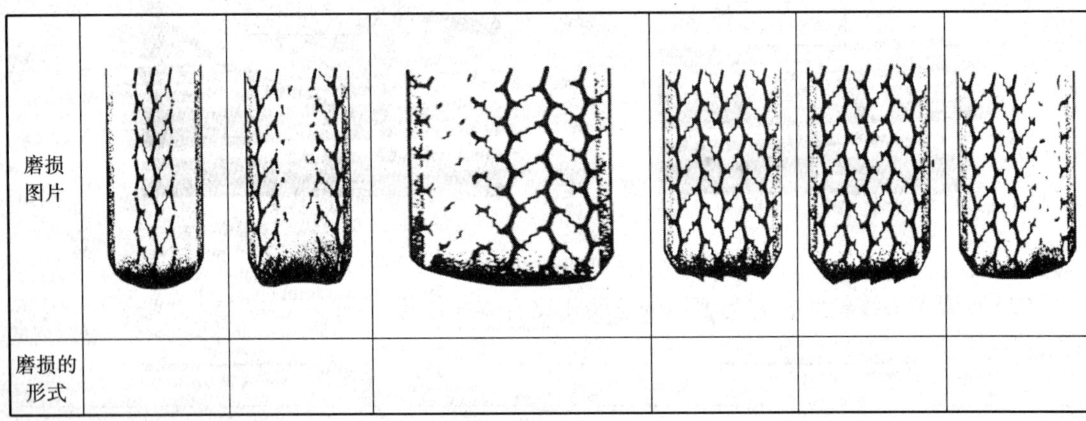

磨损图片						
磨损的形式						

(3)轮胎技术状况对汽车工作性能有哪些影响?

二、方案制订与优选

引导问题4　引起轮胎异常磨损的原因有哪些?

(1)一辆汽车上装备不同厂牌与型号的轮胎会不会引起异常磨损?请说明原因。

(2)轮胎的气压异常会不会引起异常磨损?请说明原因。

(3)轮辋变形、轮毂轴承松动、转向节球头磨损会不会引起异常磨损?请说明原因。

(4)车身高度变化会不会引起异常磨损?请说明原因。

(5)车轮的动不平衡会不会引起异常磨损?请说明原因。

(6)丰田威驰汽车的前悬架是什么结构形式?其结构与技术状况的变化会不会引起异常磨损?请说明原因。

(7)四轮定位异常会引起车轮的异常磨损,请详细分析每一项对轮胎偏磨的影响。

引导问题 5　根据以上分析,如何制订与优选方案?

通过以上原因分析,请你制订最合理的故障诊断方案,画出流程图并说明理由。

三、实施与控制

引导问题 6　在实操中有哪些安全注意事项?

引导问题 7　如何进行轮胎气压的检查与调整?

(1)丰田威驰汽车轮胎标准气压标签贴在何处?其标准气压是多少?

轮胎标准气压标签贴在:

标准气压:前轮______kPa;后轮______kPa;备胎______kPa。

(2)试解释前后车轮的标准压力为什么不一样,备胎的压力为什么高出很多?

(3)轮胎气压的检查条件有哪些?

(4)测量结果填于表 10-3。

测 量 结 果　　表 10-3

轮胎	左前轮	右前轮	左后轮	右后轮	备胎
测量值(kPa)					

结论:

处理方法:

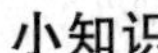

小知识

各大汽车制造商通常都采用 bar、kPa、MPa、kgf/cm² 和 PSI 五个单位中的某一个来对汽车轮胎的标准气压进行标注，这些单位之间的换算关系是：

$$1\text{bar} = 10^5\text{Pa} = 10^2\text{kPa} = 0.1\text{MPa} = 14.503\text{PSI} = 1.0197\text{kgf/cm}^2$$

引导问题8　如何进行轮胎的拆装操作？

（1）轮胎拆装机（图10-5）由机械部分、电气部分和气动部分三大块组成，其中机械部分又由底座、压胎装置、操作台、剥离刀头以及锁紧装置等组成，压胎用的是气压，固定轮辋用的是张紧头，轮胎拆装时操作台的旋转方向相反，当剥离刀头位置定好后就应锁紧。

（2）轮胎拆装的操作步骤：

①拆卸之前应取掉轮胎上的______，如图10-5的拆装机通电后应__________，拆胎时一定要将轮胎__________放尽，在压胎时一定要将轮胎胎圈压出其原来的装配位置并处于轮辋的________位置，拆胎时在剥离刀头与轮胎内圈之间应涂上________以便减少这两者之间的________，轮辋在轮胎拆装机上安装一定要做到______、______、______。

②在拆和装的时候，操作台的旋转方向是不能错的，轮辋在旋转的过程中，操作人员应观察剥离刀头与轮胎内圈之间的情况，并不断______________用力，以保证轮胎的内圈始终处于______________，否则可能出现______________安全事故。如发现摩擦力过大，则应涂抹润滑脂。操作开关如图10-6所示。

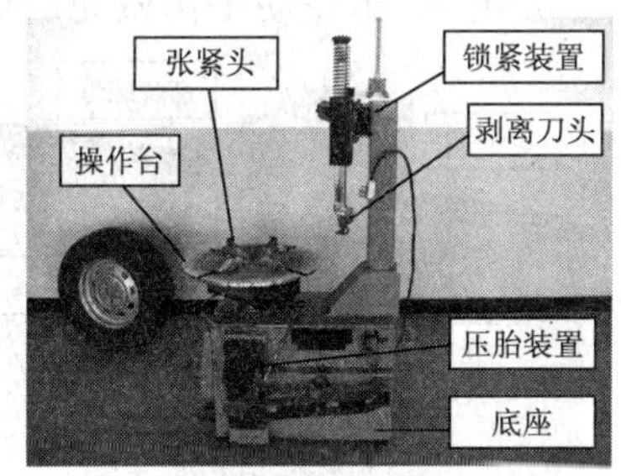

图10-5　轮胎拆装机

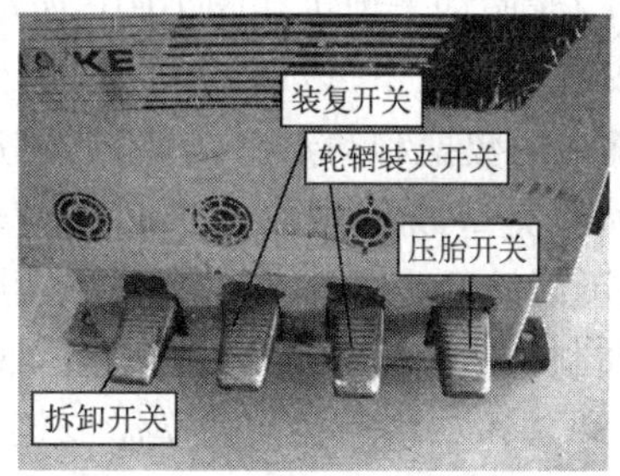

图10-6　拆装机脚踏开关

③不论是拆和装，都要用到如图10-7所示的撬棍，使用撬棍时要避免操作粗暴，防止损坏轮胎胎圈和轮辋。

④在检查气门嘴时应检查______、______、______，检查气门嘴是否漏阴气时，应使用如图10-8所示的喷水壶或将整个轮胎浸入水盆中观察。

（3）安装时的注意事项：

①安装时一定要注意轮胎的向外标记，如图10-9所示，如果装反则会出现______，在将轮胎内圈压入轮辋时，要注意 ____。

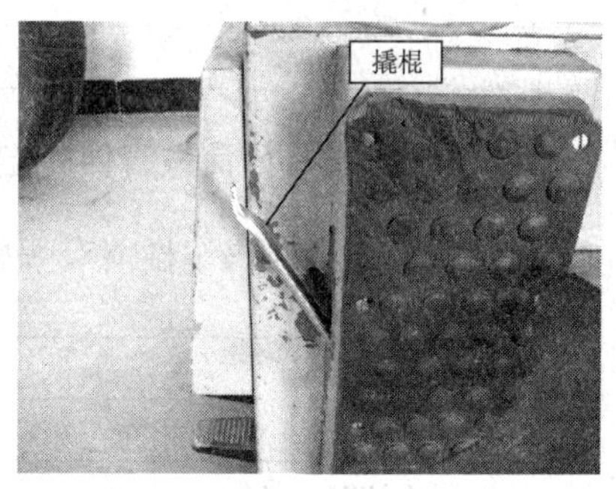

图10-7　撬棍

②安装时，要彻底清洁轮胎内圈与轮辋的接触部位，以保证其密封。

图 10-8　喷水壶

图 10-9　轮胎的向外标记

小提示

轮胎拆装机脚踏开关中，拆卸和装复开关控制的是电动机的旋转，而轮辋装夹开关和压胎开关控制的是汽缸的运动

引导问题 9　如何进行轮胎的动平衡操作？

(1)什么情况下需要对车轮进行动平衡操作？

____

____

____

(2)轮胎动平衡机如图 10-10 所示，由机械部分和电气部分组成，车轮动平衡做完后应及时从安装轴上取下，以防止轴长期受力变形，显示屏显示的是输入的数据和动不平衡量；功能选择区主要选择车型和轮辋的类型以及操作的项目；卡规用来测量轮辋的宽度；提示区显示需要输入的数据类型和动不平衡的位置；启动和制动手柄操作时应缓慢轻柔，避免动作粗暴。

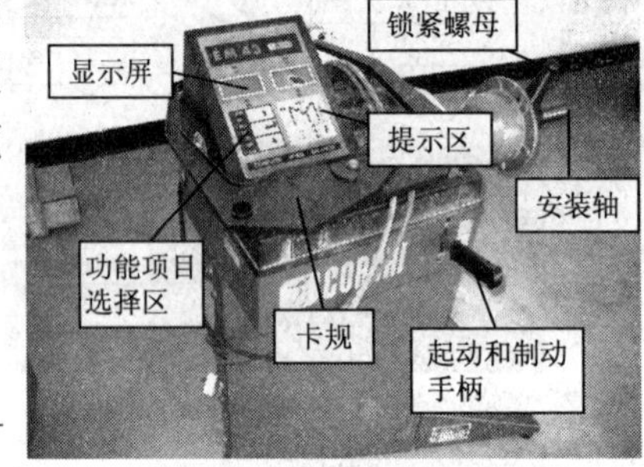

图 10-10　轮胎动平衡机

(3)叙述车轮动平衡的操作步骤：

____

____

____

引导问题 10　如何进行四轮定位的操作？

(1)四轮定位对汽车性能有哪些影响？

____

____

____

(2)进行四轮定位之前的准备工作有哪些？

____

____

(3)四轮定位仪如图10-11所示,其数据的传输方式有两种,一是电脑与传感器之间采用线连接,及车辆左前传感的数据线与仪器的左上方相连,车辆右前传感器的数据线与仪器的右上方相连,前后传感器既有数据线连接,也有红外线传输,不管是传感器还是数据线都不允许装错,传感器不管在任何时候都不能磕碰、敲击、落地,装在车轮上时应挂好保险绳;数据线不能碾压和折叠,电脑在没有关机的情况下不能插拔数据线;电脑里的数据应及时更新,保证车型齐全。打印机、数据线、电脑主机、转向盘锁止杆等放在机柜里。

图10-11 四轮定位仪

小提示

四轮定位仪电脑的数据升级是生产厂家一项重要的售后活动,它会定期派售后服务人员进行升级。

(4)叙述丰田威驰汽车四轮定位的操作步骤。

____

____

____

(5)打印、记录测量结果并进行分析。

____

____

____

(6)根据分析结果,四轮定位里你要做的调整有哪些?能做的调整有哪些?已经做了的调整有哪些?

____

____

____

四、评价与反馈

1. 小组成果展示

简述本小组收获与体会。

(1)____________________

(2)____________________

(3)____________________

你对其他小组的建议。

(1)____________________

(2)____________________

2. 评分(表10-4)

评　分　表　　　　表10-4

考核项目	评分标准	分数	学生自评	小组互评	教师评价	小计
团队合作	是否和谐	5				
活动参与	是否积极	5				
安全生产	有无安全隐患	10				
现场5S	是否做到	10				
任务方案	是否正确、合理	15				
操作过程	是否规范	30				
任务完成情况	是否圆满完成	5				
工具、设备使用	是否规范、标准	10				
劳动纪律	是否能严格遵守	5				
工单填写	是否规范、完整	5				
总分		100				
教师签字:			年　月　日		得分	

注意:违反操作规程,出现人身伤害或设备严重事故,本任务考核0分。

五、拓展训练

(1)除轮胎异常磨损外,行驶系常见的故障还有哪些?

(2)向客户介绍汽车轮胎的正确使用。

(3)汽车轮胎换位的目的是什么？画图说明常见的换位作业方法有哪些？

学习任务11　汽车防盗系统失效故障的诊断与排除

工作情境描述

一辆东风标致307汽车在4S店更换发动机ECU后，车主将钥匙插入点火开关，仪表板防盗指示灯点亮，发动机不能启动，由你去解决防盗系统失效故障。

学习目标

通过学习，你应当能：

1. 描述东风标致汽车防盗系统的结构与特点；
2. 分析东风标致汽车防盗系统故障产生的原因，制订诊断检查计划，正确进行故障部位检查；
3. 根据维修手册，在30min内完成防盗系统的匹配操作；
4. 向客户解释故障判断及处理结果；
5. 把本次诊断与排除的故障编写成案例或技术公报。

学习脉络

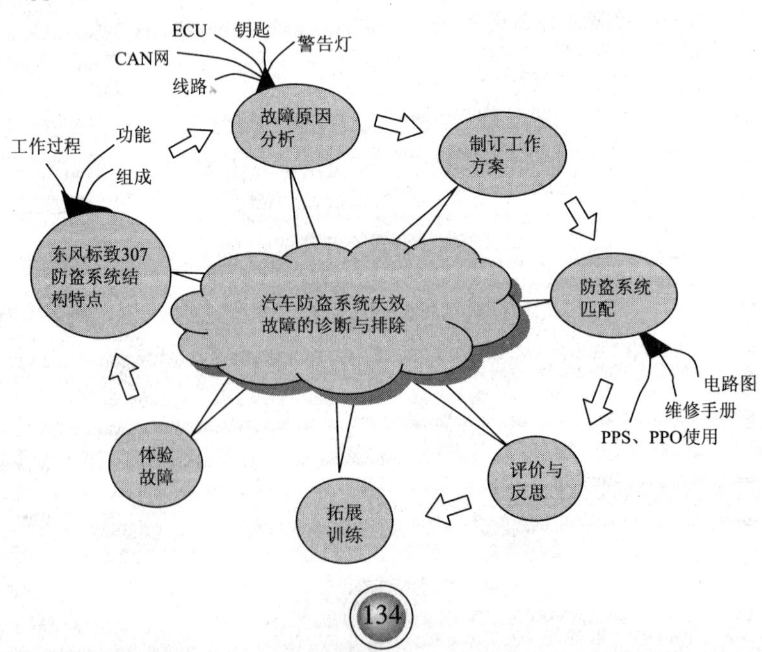

建议学习时间:6h

引导问题

一、任务准备

引导问题1　您体验到的教学车辆的故障现象是怎样的?

故障现象体验记录:______________________________

____

____

引导问题2　东风标致307汽车防盗系统结构有何特点?

(1)东风标致307汽车采用什么类型的防盗系统?

①汽车电子防盗器按功能分为哪几类?其报警的方式主要有哪些?

____

____

____

②东风标致307汽车防盗系统的类型为____________。

③东风标致307汽车防盗系统由哪几部分组成?

____

____

____

④东风标致307汽车防盗系统的基本功能有哪些?

____

____

____

(2)请补充填写表11-1中东风标致307汽车防盗系统元器件的名称及作用。

东风标致307汽车防盗系统元件　　　　表11-1

代　码	名　称	作　用
CLE 防盗应答芯片	钥匙	

续上表

代　码	名　称	作　用
8208 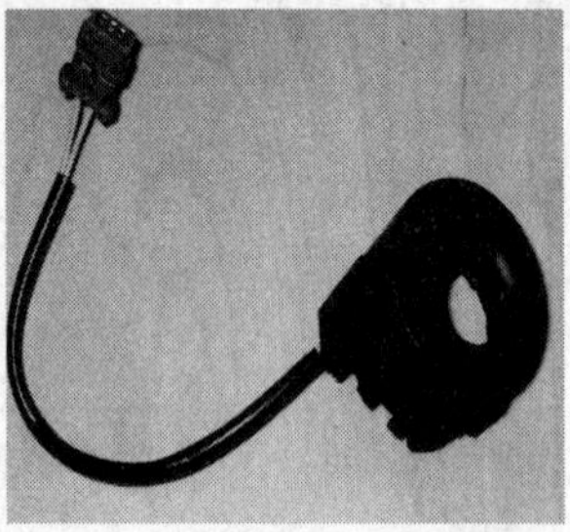		
CV00 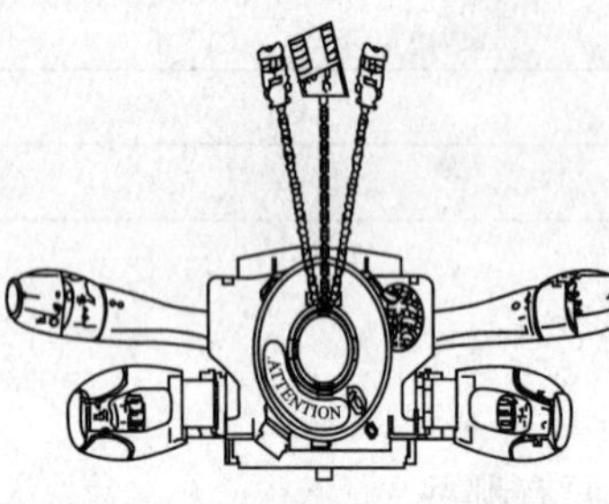	转向盘开关模块	
BSI 	智能盒控制系统	
1320 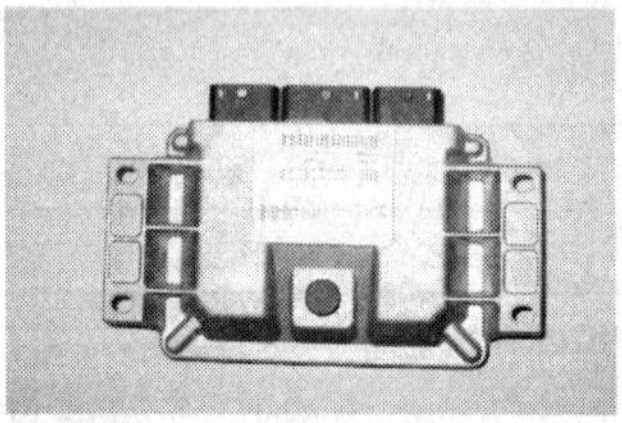		
6220 	中央门锁按钮	

(3)东风标致307汽车防盗系统有何特点?

____

____

____

(4)东风标致307汽车防盗系统是如何工作的?

____

____

____

二、方案制订与优选

引导问题3　哪些原因可能导致防盗系统故障?

对东风标致307汽车防盗系统故障原因进行分析,请完成空白部分。

(1)维修警告指示灯对正极__________或搭铁短路。

(2)防盗器天线故障或防盗器控制单元__________。

(3)钥匙信号电压__________。

①天线或连线失效;

②钥匙中的电子芯片失踪或丧失功能;

③机械齿吻合的点火钥匙__________。

(4)发动机ECU未被授权或不匹配故障。

(5)钥匙编码__________、__________故障。

(6)发动机ECU供电与搭铁线路故障。

(7)高速CAN网__________故障。

(8)诊断仪器线路故障。

小知识

(1)CAN网络介绍。

随着电控单元在汽车中的应用越来越多,车载电子设备间的数据通信变得越来越重要,以分布式控制系统为基础构造汽车车载电子网络系统是很有必要的。大量数据的快速交换、高可靠性及廉价性是对汽车电子网络系统的要求。在该网络系统中,各处理机独立运行,控制改善汽车某一方面的性能,同时在其他处理机需要时提供数据服务。汽车内部网络的构成主要依靠总线传输技术。

汽车总线传输是通过某种通信协议将汽车中各种电控单元、智能传感器、智能仪表等连接起来,从而构成汽车内部网络。其优点有:

①减少了线束的数量和线束的容积,提高了电子系统的可靠性和可维护性。

②采用通用传感器,达到数据共享的目的。

③改善了系统的灵活性,即通过系统软件可以实现系统功能的变化。

CAN 总线是德国博世公司在20世纪80年代初开发的一种串行数据通信协议。它的短帧数据结构、非破坏性总线仲裁技术以及灵活的通信方式使CAN总线具有很高的可靠性和抗干扰性,满足了汽车对总线实时性和可靠性的要求。

目前使用CAN总线网络的汽车采用两种类型三个网络,一种是高速CAN网络,主要包括发动机、ABS、自动变速器、安全气囊、仪表盘,通信速率一般为500kb/s;另一种低速CAN网络,包括:舒适CAN网络、车身CAN网络,主要包括空调、收音机、中央控制器和四个门模块,通信速率一般为62.55kb/s或100kb/s。

(2)东风标致307网络系统的特点:

①CAN总线网络采用两种类型三个网络。

a. CAN HS I/S:CAN高速网500kb/s,将BSI与发动机罩内动力电控单元相连。

b. CAN LS舒适网:CAN低速网125kb/s,将BSI与舒适调节电控单元相连。

c. CAN LS车身网:CAN低速网125kb/s,将BSI与车身电控单元相连。

②东风标致307网络系统中主要元件及其作用。

a. BSI智能盒控制系统,安装在驾驶舱内,在不同的网络之间、计算机与诊断工具之间起到桥梁作用;网络供电、重新分配供电的作用;网络唤醒/休眠的作用。

b. PSF1发动机舱熔断丝盒,由两个模块组成,安装在发动机舱内。

其中模块1管理大熔断丝,确保功率的分配和保护;

模块2确保主线束和发动机线束电源分配和保护,通过CAN LS车身网与BSI通信。

c. CV00转向盘开关模块,安装在转向盘下方,通过CAN LS车身网与BSI连接。

主要组成有:

主控制操纵杆,对照明、指示、清洗等的控制;

辅控制操纵杆,对定速巡航和收音机的控制;

喇叭开关;

高频遥控器;

倒车雷达蜂鸣器;

安全气囊游丝;

GEP角度传感器。

引导问题4 根据以上分析,如何制订与优选工作方案?

请制订东风标致307汽车防盗系统故障的诊断流程,请你说明制订该方案的原因。

你制订本方案的原因:____

____

____

诊断方案:____

____

____

三、实施与控制

引导问题5　如何使用检测工具PPS。

(1)检测工具PPS的组成和功用,如图11-1所示。

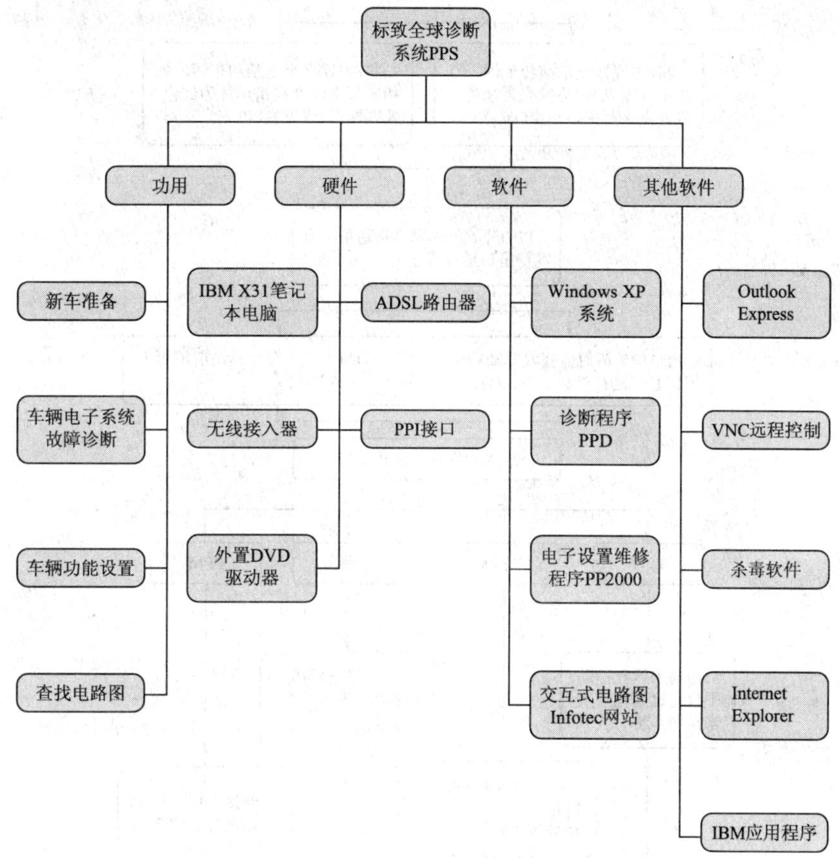

图11-1　检测工具PPS的组成和功用

(2)如何使用检测工具PPS。

①什么是PPO?

Peugeot Planet Office(简称PPO)是标致汽车开发的标致系列汽车诊断与维修工具套装。它是您打开其他PPS应用程序(PP2000、PPD、PPM)以进行以下操作(及其他操作)的门户。

a.使用PPD、PP2000、电路图等工具,对车辆进行诊断与维修操作;

b.使用Peugeot Planet Measure(简称PPM)和ScanTool;

c.使用其他与诊断、因特网及远程援助有关的功能;

d.设置PPS系统的各种应用程序。

PPO可以存储PPS系统使用到的一些必需的重要信息,使在对某一台车辆进行操作的过程中,无需重复输入这些信息。

②PPS 的使用,如图 11-2 所示。

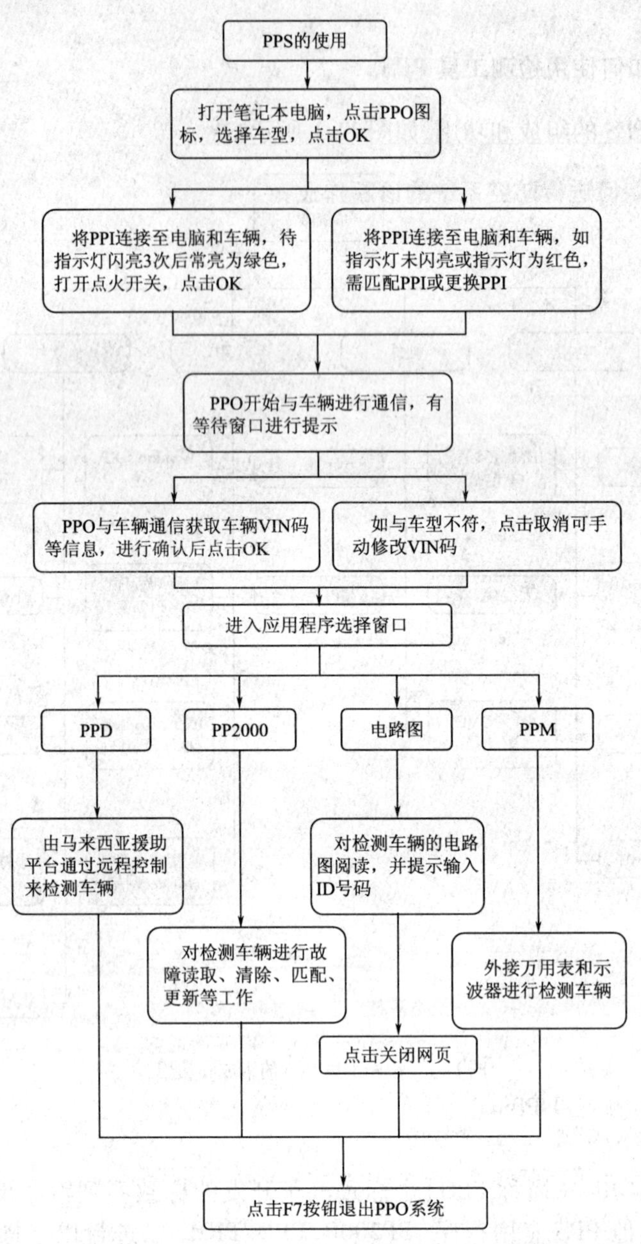

图 11-2　检测工具 PPS 的使用

引导问题 6　东风标致 307 汽车在维修防盗系统过程中有哪些安全注意事项?

引导问题7　如何进行防盗系统故障的就车检查？

____

____

____

引导问题8　如何进行防盗系统的诊断作业？

(1)作业准备。

①列出所需设备、工具及材料清单：

____

____

____

②举升车辆注意事项：

检查举升机　□任务完成

车辆开进工位　□任务完成

停车，打开发动机罩　□任务完成

铺上护套　□任务完成

确定顶车位置　□任务完成

稍微举升车辆　□任务完成

检查车辆是否平稳　□任务完成

(2)东风标致307汽车防盗系统电路图的阅读，如图11-3所示。

(3)请填写东风标致汽车电路图中常见代码含义。

①插接器颜色代码，如表11-2所示。

插接器颜色代码　表11-2

名　称	代　码	名　称	代　码	名　称	代　码
黑色	NR	棕色	MR	灰	GR
红色	RG	绿色	VE	多色	MC
黄色	JN	蓝色	BE		
白色	BA	橙色	OR		

②导线代码头两个字符的含义，如表11-3所示。

字 符 含 义　表11-3

第一个字符	第二个字符
B：	M：
C：	C：
M：	E：

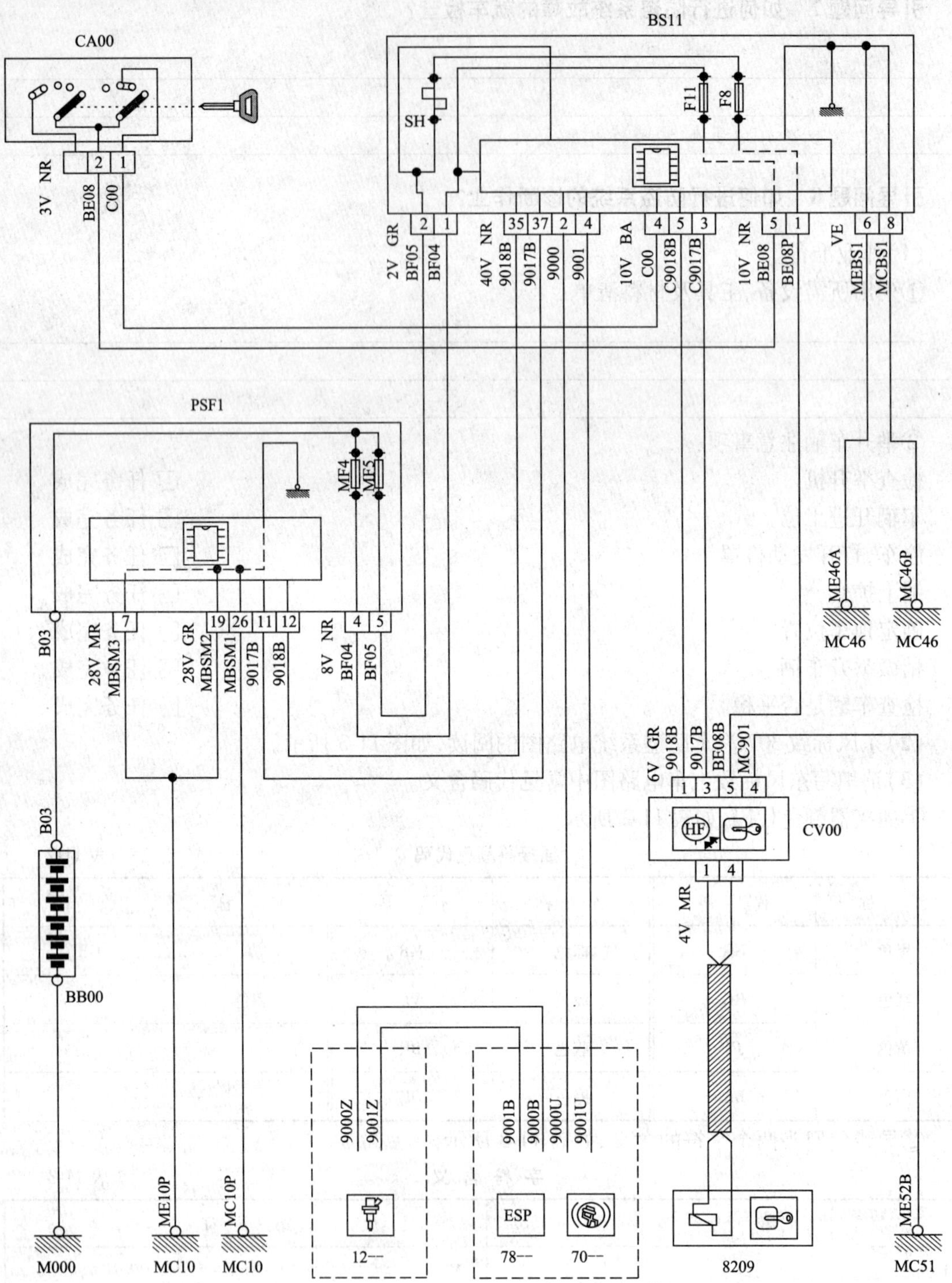

图 11-3　东风标致 307 汽车防盗系统电路图

(4)登陆 service box 网站,查阅防盗锁芯更换的操作步骤。

____

____

____

(5)请完善防盗钥匙匹配的操作步骤及注意事项。

①打开 PPS,准备好密码卡,如图 11-4 所示。

图 11-4　密码卡

> **小提示**
>
> 钥匙编程前请向车主索要该车的行驶证、所有合法的钥匙并确认车主提供该车的钥匙密码是正确的。

②____

____

③____

____

④____

____

⑤____

____

⑥____

____

⑦____

____

⑧____

____

⑨____

____

⑩____

⑪

⑫

⑬

⑭

⑮

⑯

⑰

⑱

⑲

⑳

四、评价与反馈

1. 小组成果展示

简述本小组收获与体会。

(1)

(2)

(3)

你对其他小组的建议。

(1)

(2)

2. 评分(表11-4)

评　分　表　　表11-4

考核项目	评分标准	分数	学生自评	小组互评	教师评价	小计
团队合作	是否和谐	5				
活动参与	是否积极主动	5				
安全生产	有无安全隐患	10				
现场5S	是否做到	10				
任务方案	是否正确、合理	15				
操作过程	是否规范	30				
任务完成情况	是否圆满完成	5				
工具、设备使用	是否规范、标准	10				
劳动纪律	是否能严格遵守	5				
工单填写	是否完整、规范	5				
总分		100				
教师签字:				年　月　日	得分	

注意:违反操作规程,出现人身伤害或设备严重事故,本任务考核0分。

五、拓展训练

(1)请查阅资料说明丰田威驰汽车防盗系统的结构。

(2)叙述防盗系统的发展现状。

学习任务12　发动机机油压力过低故障的诊断与排除

工作情境描述

一辆捷达(CIF)乘用车行驶过程中,驾驶员发现仪表板上的发动机机油压力报警灯闪亮,迅速靠边停车,将发动机熄火后重新启动,机油压力报警灯仍不熄灭。驾驶员电话通知救援,公司派你到现场解决问题。

学习目标

通过本学习任务的学习,你应当能:

1. 描述捷达汽车发动机润滑系统的结构特点;
2. 分析机油压力过低故障产生的原因,制订诊断检查计划;
3. 在规定时间内完成车辆救急的准备;
4. 按照诊断流程,正确使用万用表、机油压力测试仪等工具、设备进行故障诊断,确定故障部位;
5. 根据维修手册,在90min内安全规范地完成机油压力传感器更换、机油泵更换,作业过程严格贯彻执行5S;
6. 向客户解释故障判断及处理结果;
7. 把本次诊断与排除的故障编写成案例或技术公报。

学习脉络

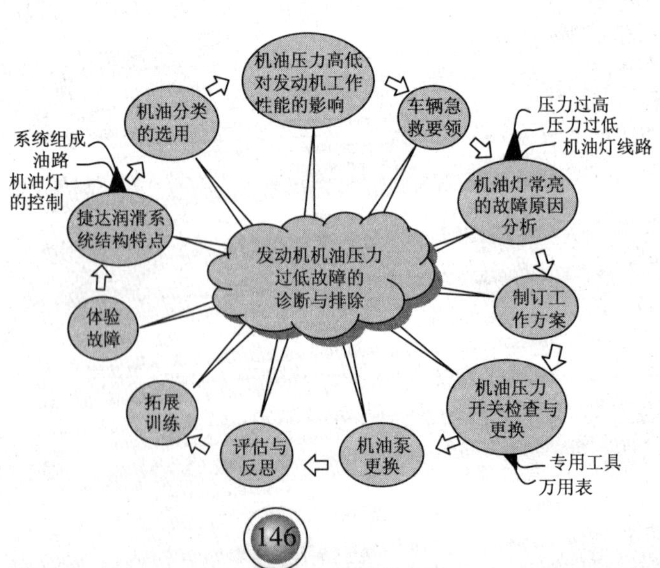

建议学习时间:10h

引导问题

一、任务准备

引导问题1　您体验到的教学车辆的故障现象是怎样的?

故障现象体验记录:____

____

____

引导问题2　捷达轿车发动机润滑系统有何结构特点?

(1)润滑系统的基本组成和作用。

基本组成:____

作用:润滑、________、防锈 、________和密封。

(2)图12-1所示为捷达轿车润滑系统的组成零件分解图,说出图中数字所指示的零部件名称。

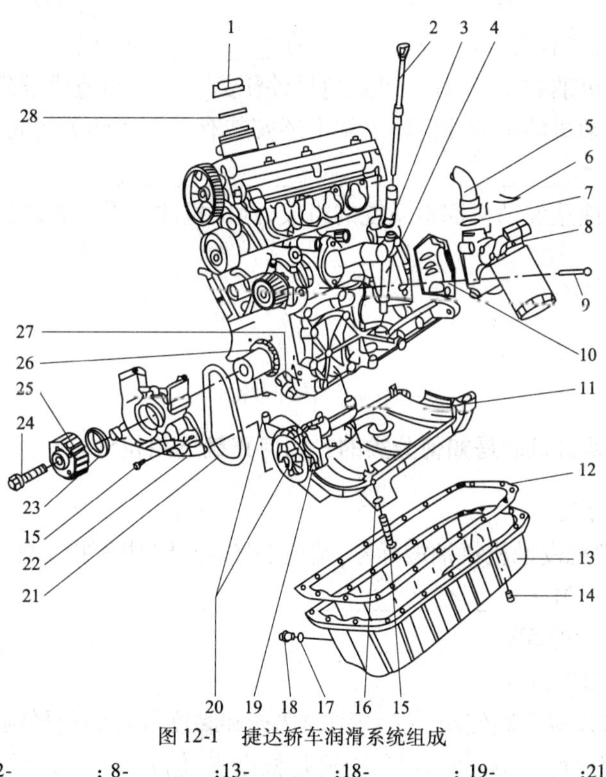

图12-1　捷达轿车润滑系统组成

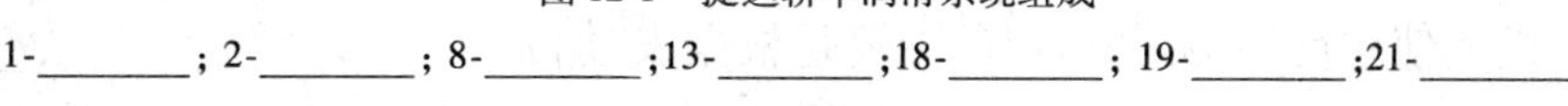
1-________; 2-________; 8-________;13-________;18-________; 19-________;21-________

①在捷达车系列中,捷达 1.6L、2V 发动机润滑系采用________个油压开关,安装在________,如图 12-2 所示,高压开关为________,____色,0.16 ~0.2MPa,低压开关为________,____色,0.015 ~0.035MPa;其他机型采用________个油压开关,汽油机工作压力为________MPa,柴油机工作压力为________MPa。

图 12-2 捷达两阀发动机机油压力开关

②捷达两阀电喷发动机使用的是________机油泵,其特点是运动件少,________;啮合面小,________。工作空间大,吸入性能好,__________。

③捷达发动机润滑系统中机油泵的动力由______产生,由__________直接驱动,故不再需要中间轴。

④在润滑油路中,装有两个过压阀,一个装在__________上,另一个装在__________上,当发动机处于冷态或者机油黏度较大时,可避免机油压力______而造成危险。

⑤在两阀捷达发动机的机油滤清器支架上还安装有一个回油关闭阀,其作用是____。

(3)结合图 12-1 捷达发动机润滑系统的组成,画出机油润滑油路图。

引导问题 3　发动机机油是如何分类的?如何正确选用机油?

(1)发动机油的分类。

图 12-3 所示为常见发动机机油的标号,请说明图 a)、b)中所指示的机油标号的意义。

①SAE5W60、API SM/CF ____

②捷达发动机所用的 5W/40 ____

(2)如何选择发动机机油?

发动机机油的选择应兼顾使用性能级别的选择和黏度级别的选择两个方面。

①发动机机油使用性能级别的选择,主要是根据发动机________、________、________和

燃油品质。

②发动机油黏度级别的选择，主要是根据________、________和发动机的技术状况。

(3)一汽大众捷达发动机加注的机油牌号是___________，加注量___________。

a)

b)

图12-3　发动机机油的标号

a)发动机机油标号；b)捷达发动机机油

引导问题4　机油压力高低对发动机工作性能有什么样的影响？

(1) 机油压力灯的工作。

打开点火开关，仪表板上的机油压力警告灯开始______，如图12-4所示。发动机启动后，当机油压力大于______MPa时，警报灯熄灭；当发动机转速超过2000r/min时，机油压力未达到______MPa，机油压力警告灯闪烁，报警蜂鸣器也同时报警。

图12-4　机油压力警报灯

(2)发动机正常工作情况下，汽油发动机机油压力为______MPa，柴油发动机机油压力为______MPa。

(3)捷达两阀电喷发动机在正常工作时，其机油压力为______MPa。

(4)机油压力高低对发动机工作性能有哪些影响？

____

____

____

二、方案制订与优选

引导问题5　在对车辆急救前需要做哪些准备工作？

(1) 向服务顾问咨询车辆所出现的故障；

(2)____；

(3)针对服务顾问反应的故障现象准备相关的设备与器材，发动机机油、____________、________等。

引导问题6　哪些原因会导致机油警报灯常亮?

(1)画出发动机机油压力警报灯控制电路的闭合回路原理简图。

(2)发动机机油警报灯常亮主要的原因有哪些?

______

______

______

汽车发动机润滑系统的压力过高与过低都可能导致发动机机油压力警报灯常亮。其主要原因有:

①机油油面过低;

②______

③______

④______

⑤______

⑥机油压力高压开关失效或线路故障;

⑦______

⑧______

⑨______

引导问题7　如何制订与优选工作方案?

根据以上分析,请制订发动机机油压力警报灯常亮故障的诊断流程。

______

______

______

三、方案实施与控制

引导问题8　如何进行机油油量检查和机油压力开关诊断?

(1)检查机油油量。

①列出所需设备、工具及材料清单:

______

______

______

②车辆作业准备:

检查举升机 □ 任务完成

车辆开进工位 □ 任务完成

停车,打开发动机罩 □ 任务完成

铺上护套 □ 任务完成

确定顶好位置 □ 任务完成

稍微举升车辆 □ 任务完成

检查车辆是否平稳 □ 任务完成

(2)操作方法及步骤。

> **小提示**
>
> 以下任务实施要点仅是对任务实施过程中重要环节的操作提示,非任务实施流程,请根据自己制订的方案进行操作。

①____。

②接着再拔出标尺,读出机油油位,发动机机油标尺标识,见图12-5。

③对发动机机油油量进行检查时,正常情况下,发动机机油油量应该位于________之间。

④当发动机机油处于 C 区域时,应当______________;否则,______________。

⑤当发动机机油位于 B 区域时,加油量不能超过______,否则______________。

检查结果:发动机机油量是否正常? □是　□否

(3)检查发动机油油量时有哪些注意事项?

①____;

② 将发动机________并停机____min,然后才能对发动机的机油量进行检查,让机油能____________内,否则检查出来的油量不够准确。

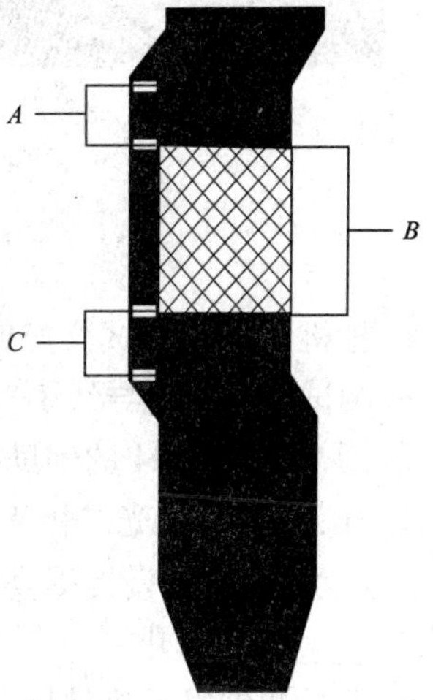

图12-5　机油标尺标识

A-最大量标识区;B-正常油量标识区;C-最小量标识区

(4)如何判断发动机机油变质?

发动机机油变质的现象有:

①机油中胶质、铁屑、沥青质慢慢地增多;

②____;

③____。

(5)哪些原因会导致发动机机油变质?

变质原因:①____________;②曲轴箱通气性差;③______________;④______________。

检查结果:发动机机油品质是否正常? □是　□否

(6)检查机油压力开关。

机油压力开关检查条件：____。

①准备工作

列出所需设备、工具及材料清单：

____

____

____

②操作方法及步骤：

a. ________________________，如图 12-6 所示。

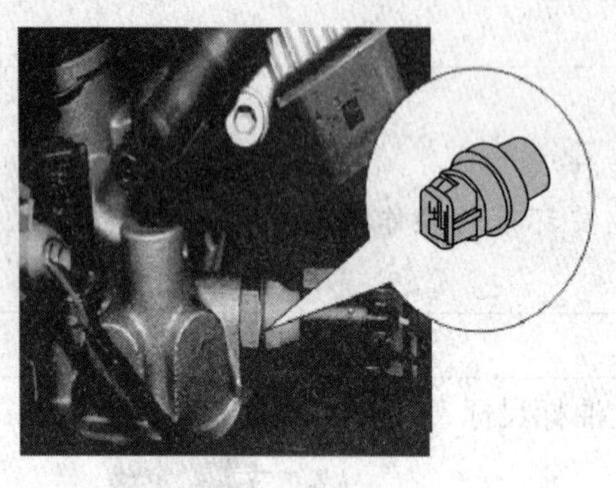

a)

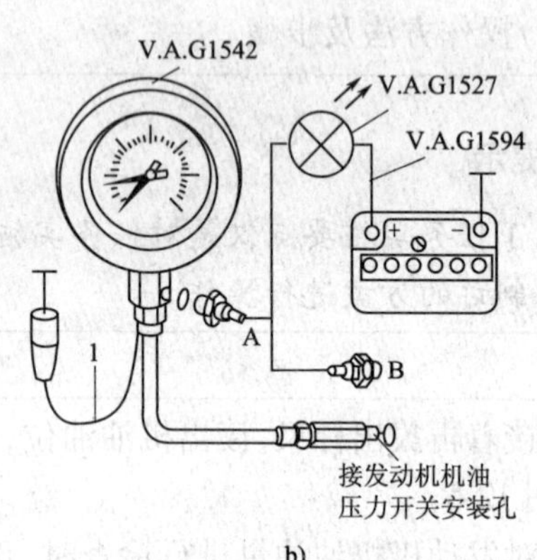

b)

图 12-6 机油压力开关检查

a）机油压力开关；b）压力开关连接

b. 把机油压力测试仪拧到机油滤清器支架上油压开关处。

c. 测试仪的褐色导线 1 __________。

d. 用 V. A. G1594 的辅助接线把二极管电笔 V. A. G1527 接到蓄电池正极（+）和 0. 03MPa 的油压开关 B 上，发光二极管__________。

e. 启动发动机，慢慢提高转速，压力达到 0. 015 ~ 0. 045MPa，发光二极管必须熄灭，否则应更换________油压开关。

你所检测到发动机油压力为__________MPa。

f. 将二极管电笔接到 0. 18MPa 油压开关 A 上（白色绝缘），压力达到 0. 16 ~ 0. 2MPa 时，发光二极管必须亮，否则更换 0. 18MPa 油压开关。

你所检测到发动机油压力为__________MPa。

g. 继续提高转速，到转速达到 2000r/min 且机油温度达到 80℃时，油压至少应达到 0. 2MPa；转速再进一步提高时，机油压力不可超过______MPa，如需要，更换机油滤清器支架上的安全阀。

③如检测的结果正常，卸下油压表并重新装上机油压力开关。

检查结果：发动机机油压力开关是否正常？□是 □否

引导问题 9 怎样检查机油压力警报灯电路？

（1）作业准备。

列出所需设备、工具及材料清单。

捷达维修手册、捷达电路图、____

____

____

(2)操作步骤及方法：

①____

②____

③____

检测结果：机油压力警报灯线路是否出现故障？□是　□否

引导问题10　如何进行机油压力传感器更换作业？

(1)作业准备。

列出所需设备、工具及材料清单。

____

____

____

(2)操作步骤：

①____。

②安装油压开关时要在油压开关的2或3圈螺纹上涂抹________，如图12-7所示。安装后应启动发动机并________________。

图12-7　发动机机油压力传感器的安装

引导问题11　如何进行机油泵的更换？

(1)作业准备。

列出所需设备、工具及材料清单。

捷达维修手册、____

____

____

(2)操作步骤及方法。

①拆卸机油泵：

a. 放尽油底壳的机油，拆卸油底壳，如图12-8所示；

b. ____；

c. 拆卸机油泵粗集油器、连接管(吸油管组)，见图12-9；

d. ____；

e. ____；

f. 清洗、检查、测量所有零件。

②安装机油泵：

a. ____；

b. ____；

c. ____;

d. ____。

③安装机油泵的注意事项：

a. 安装时应更换垫片，注意各螺栓的拧紧力矩；

b. ____;

c. ____。

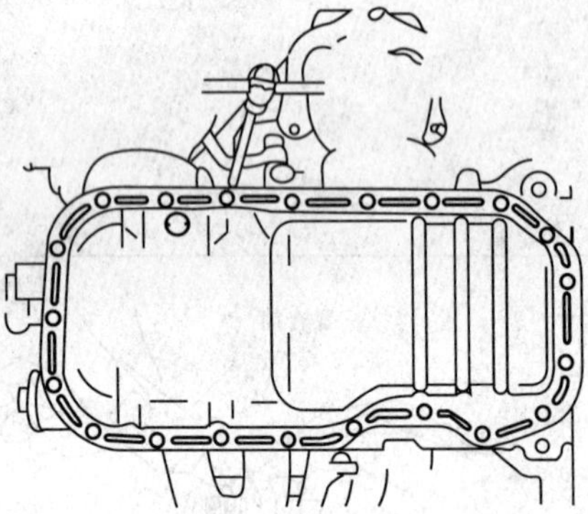

图 12-8 拆下油底壳螺栓

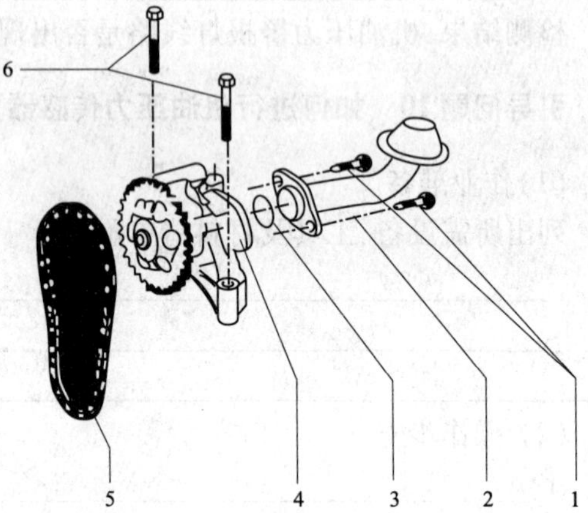

图 12-9 机油泵结构

1-螺栓(15N · m);2-吸油管;3-O 形环;4-机油泵;5-机油泵链条;6-螺栓(15N · m)

四、评价与反馈

1. 小组成果展示

简述本小组收获与体会。

(1) ____

____

(2) ____

____

(3) ____

____

你对其他小组的建议。

(1) ____

____

(2) ____

____

2. 评分(表12-1)

评　分　表　　表12-1

考核项目	评分标准	分数	学生自评	小组互评	教师评价	小计
团队合作	是否和谐	5				
活动参与	是否积极主动	5				
安全生产	有无安全隐患	10				
现场5S	是否做到	10				
任务方案	是否正确、合理	15				
操作过程	是否规范	20				
方案反馈	是否简单可行	10				
任务完成情况	是否顺利完成	5				
工具、设备使用	是否规范、标准	10				
劳动纪律	是否能严格遵守	5				
工单填写	是否完整规范	5				
总分		100				
教师签字：			年　月　日		得分	

注意：违反操作规程，出现人身伤害或设备严重事故，本任务考核0分。

五、典型案例

机油滤清器底座堵塞导致机油灯报警。

车　　型：捷达CIF。

故障现象：行驶速度到达80km/h时(五挡)，机油报警灯闪亮且蜂鸣器鸣叫。

故障分析：根据此车报警系统控制原理分析，此现象有两种故障原因：(1)电路系统；(2)油路系统。

故障检查：首先检查电路系统，因为报警灯点亮且蜂鸣器鸣叫，显然为高压控制系统报警；用万用表测量其控制线正常，更换机油感应塞和仪表总成后，均未能排除故障。接着用压力表测量机油压力(高压)，当发动机转速在2000r/min时其压力为0.19MPa，再将发动机转速提高到2300r/min时压力为0.24MPa；所以判定发动机在2000r/min时恰巧是车速在80km/h，致使机油报警灯报警且蜂鸣器鸣叫。

故障排除：更换机油泵、机油滤芯未排除故障，更换机油滤芯底座后故障排除。

六、拓展训练

(1)总结归纳丰田威驰、东风雪铁龙爱丽舍、宝马740L等乘用车润滑系统的特点。

(2)不同牌号机油可否混合使用？为什么？

(3)机油消耗异常的原因有哪些？

学习任务 13　发动机警告灯常亮故障的诊断与排除

工作情境描述

一辆丰田花冠乘用车(MT)行驶 65000km,行驶过程中,驾驶员发现仪表板上的发动机警告灯常亮,服务顾问接车后安排你排除该车故障。

学习目标

通过学习,你应当能:

1. 叙述丰田花冠发动机自诊断系统原理;
2. 分析发动机警告灯常亮故障产生的原因,制订诊断检查计划,正确进行故障部位检查;
3. 根据维修手册,使用诊断仪进行故障码的阅读、故障码的删除、数据流的阅读与分析等操作;
4. 用万用表进行故障的确诊;
5. 根据维修手册,在 30min 内完成节气门清洗;
6. 根据维修手册,在 20min 内完成空气流量传感器更换;
7. 根据维修手册,在 30min 内完成 VVT-i 机油正时阀更换;
8. 向客户解释故障判断及处理结果;
9. 把本次诊断与排除的故障编写成案例或技术公报。

学习脉络

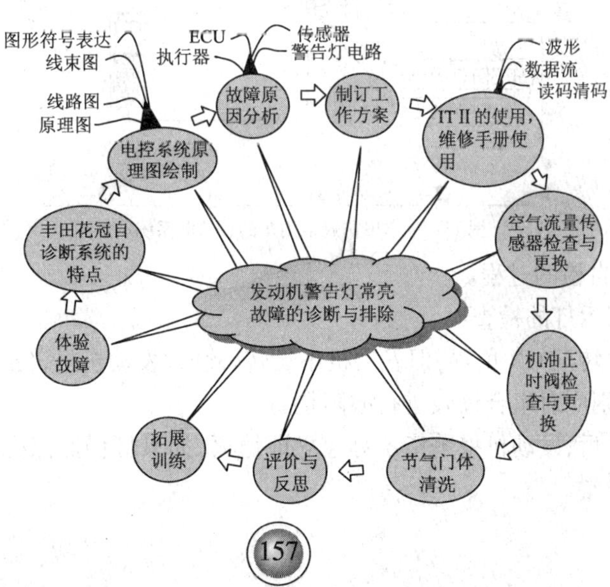

建议学习时间:12h

引导问题

一、任务准备

引导问题 1　您体验到的教学车辆的故障现象是怎样的?

故障现象体验记录:____

____

____

引导问题 2　什么是自诊断系统?

(1)丰田花冠乘用车发动机的自诊断系统如图 13-1 所示,在图注横线处填写元件名称。

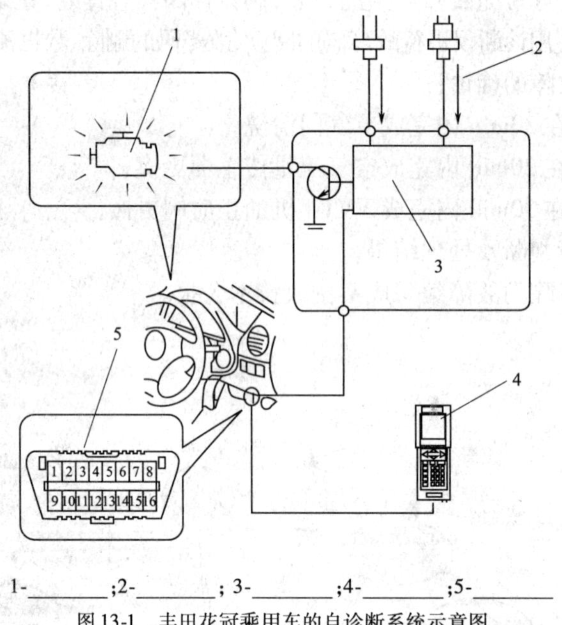

1-________;2-________; 3-________;4-________;5-________

图 13-1　丰田花冠乘用车的自诊断系统示意图

(2)简述系统自检的过程。

发动机报警指示灯的检查:

①将点火开关转至 ON 位置,但发动机不运转,此时,发动机报警指示灯点亮;如果发动机警告灯不能点亮,则应对组合仪表进行故障检查。

②发动机启动后,发动机报警指示灯应立即熄灭,如果灯仍然点亮,则诊断系统检测到系统中存在故障或异常。

(3)图 13-2 描述的是某传感器的工作特性,试说明自诊断系统的工作原理。

(4)通过以上分析,请说明自诊断的缺点,并说明自诊断是否能完全代替诊断技术人员。

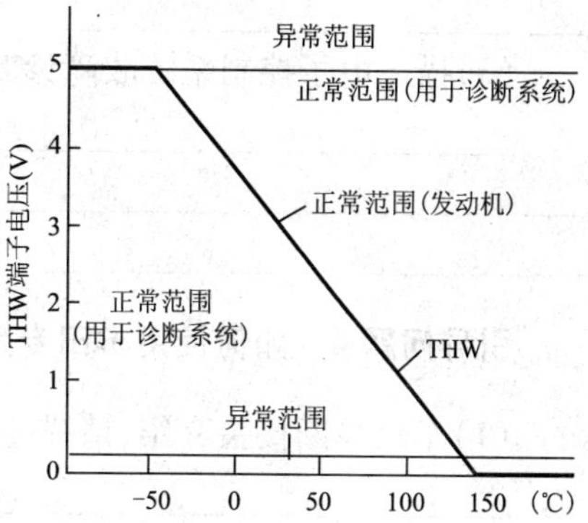

图 13-2　传感器的工作特性

二、方案制订与优选

引导问题 3　哪些原因导致发动机警告灯常亮?

(1)根据维修手册画出发动机电控系统原理简图。

(2)故障原因分析。

①发动机警告灯本身控制电路故障:

②发动机电控系统(传感器、ECU、执行器)故障:

③其他原因:

三、方案实施与控制

(1)根据以上分析,请制订发动机故障警告灯常亮故障的论断方案。

(2)电子控制系统检修有哪些注意事项?

(3)描述电子控制系统故障诊断的基本流程：

引导问题4　如何使用丰田专用诊断仪ITⅡ诊断此故障？

(1)车载诊断接头介绍，请描述OBD/OBDⅡ/MOBD/EOBD的区别及特点。

(2)图13-3所示为ITⅡ诊断仪，描述其主要功能。

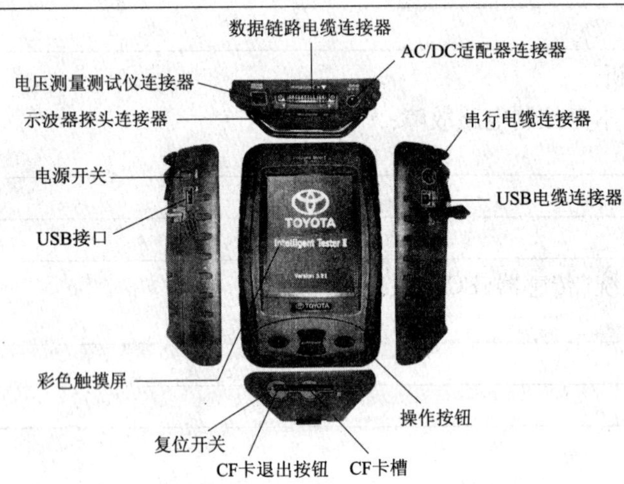

图13-3　ITⅡ诊断仪

(3)图13-4为使用ITⅡ诊断仪的开始步骤，将其中空白处的操作步骤补充完整。

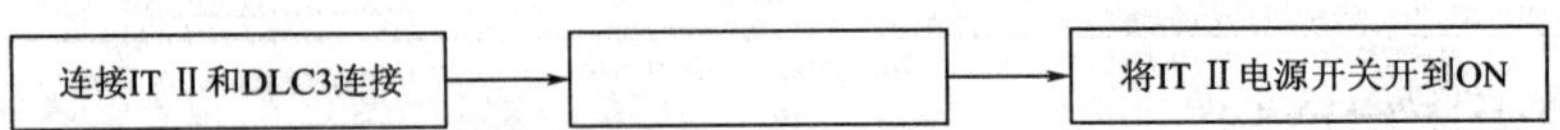

图13-4　诊断步骤

(4)当诊断系统从正常模式转换到检测模式时，使用ITⅡ手持测试仪诊断发动机警告灯常亮故障的步骤为：

①用数据链接电缆连接ITⅡ和DLC3连接器；

②＿＿＿＿＿＿＿＿＿＿；

③＿＿＿＿＿＿＿＿＿＿；

④＿＿＿＿＿＿＿＿＿＿；

⑤____;

⑥____;

⑦____。

你所检测到的结果为:____

____

使用丰田专用诊断仪ITⅡ诊断此故障时需要注意的问题有:

____

____

____

小知识:汽车故障电脑诊断仪

汽车故障电脑诊断仪,俗称解码器,是用来与汽车电控系统的控制中心进行数据交流的专用仪器,也是截至目前检测汽车电控系统故障最有效的仪器,其主要功能如下。

(1)读取电控系统的故障代码。

(2)在故障排除后清除故障代码。

(3)读取电控系统ECU中的数据流,有些专用汽车故障电脑诊断仪还可对ECU中的某些数据进行更改。

(4)直接向执行器发出动作指令,以检查其工作状况。

(5)路试时监测并记录各传感器、执行器的工作参数,以便进行分析判断。

(6)可通过PC机和Internet进行资料的更新升级。

(7)有些汽车故障电脑诊断仪还具有万用表、示波器、打印机及显示电控系统电路图和维修指导、客户档案管理等功能。

目前所用的汽车故障电脑诊断仪按其适用范围及功能可分为三种类型,一种为专用型汽车故障电脑诊断仪,是由汽车制造厂家为检测本厂生产的汽车而专门制造或指定的、只能检测某一品牌或某一车型的汽车故障电脑诊断仪,而不能用来检测其他公司生产的汽车。专用型汽车故障电脑诊断仪一般只配备在汽车4S站,主要目的是为自己生产的汽车提供良好的售后服务,有实力的汽车生产厂家都有专用型汽车故障电脑诊断仪,如大众汽车用V.AG1552,宝马汽车使用的GT1,奔驰汽车使用的HHT、STAR2000电脑诊断仪,通用汽车的TECH2电脑诊断仪,福特汽车的Super Star-II电脑诊断仪,日产汽车的Consu1t、Consu1t-II电脑诊断仪,丰田汽车的IT-Ⅱ电脑诊断仪等。另一种为通用型汽车故障电脑诊断仪,它不是由汽车生产厂家提供或指定的,而是由其他专门生产检测仪器设备的公司制造的,它可以检测不同汽车生产厂家制造的多种车型,通过配备不同的检测接头,有的可以检测几十乃至上百种不同厂家的车型,因而一般配备在综合性维修企业。如由美国生产曾在我国红极一时的红盒子(Scanner)MT2500电脑诊断仪、德国BOSCH公司生产的KTS300/500电脑诊断仪、美国欧瓦顿勒工具公司生产的OTC系列电脑诊断仪及国内生产的元征系列、金德系列等都属于通用型汽车故障电脑诊断仪。第三种是单系统专用型汽车故障电脑诊断仪,用于检测常见车型中某一种或某几种电控单元,如音响解码器。

引导问题5　故障诊断仪读出"P0100"空气质量流量计故障码,如何进一步进行故障确认?

(1)准备工作。

①列出所需设备、工具及材料清单:

____

____

____

②车辆作业准备:

检查举升机　□ 任务完成

车辆开进工位　□ 任务完成

停车,打开发动机罩　□ 任务完成

铺上护套　□ 任务完成

确定顶车位置　□ 任务完成

稍微举升车辆　□ 任务完成

检查车辆是否平稳　□ 任务完成

(2)空气流量传感器的安装位置是:______________________

(3)图13-5所示为空气质量流量计电路图,说明其检测过程。

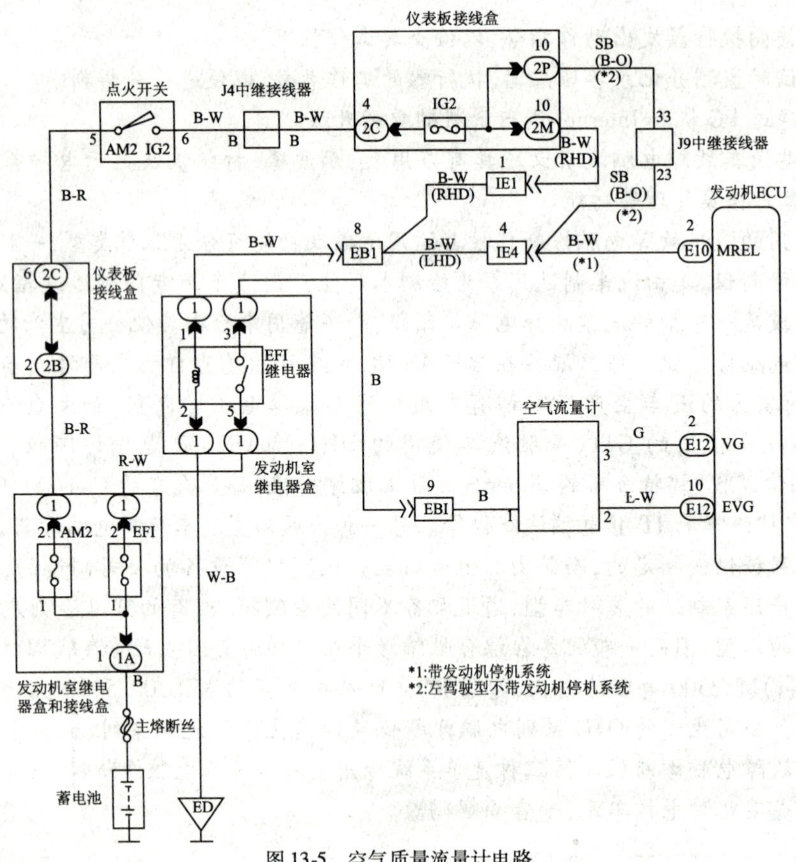

图13-5　空气质量流量计电路

(4) 操作方法及步骤:
①断开空气质量流量计连接器;
②______;
③______;
④______;
⑤______。
你所检测到的结果为:______
______
______

引导问题6 如何进行空气流量传感器更换作业?

(1)准备工作。
列出所需设备、工具及材料清单:
______
______
______
(2)操作方法及步骤:
①______
②______
③______
④______
更换空气流量计需要注意的问题有:______
______
______

引导问题7 如何进行正时机油阀检查及更换作业?

(1)准备工作。
列出所需设备、工具及材料清单:
______
______
______
通过ITⅡ所读取到的故障码为:______
(2)用故障诊断仪检查正时机油控制阀。
①将故障诊断仪连接到仪表板下方的故障诊断插座DLC3上;
②______;
③______;
④______;
⑤______。

(3)拆检正时机油控制阀。

①折下机油控制阀总成,用万用表测量其线圈电阻,如图 13-6 所示。

标准值:________

检测结果:________

结论:________

②通电测试机油控制阀,如图 13-7 所示。

标准值:________

检测结果:________

结论:________

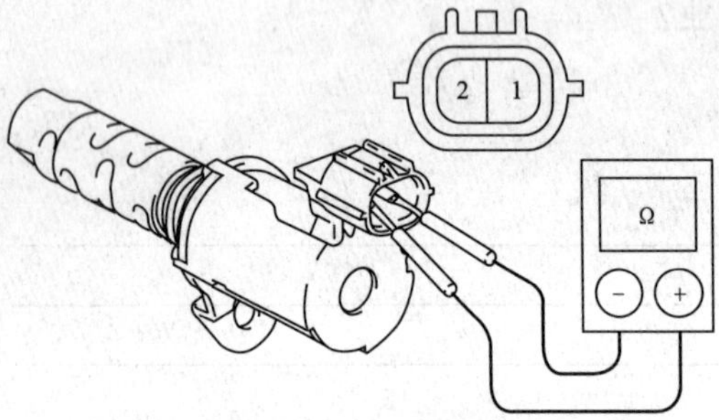

图 13-6　测量正时机油控制阀电阻

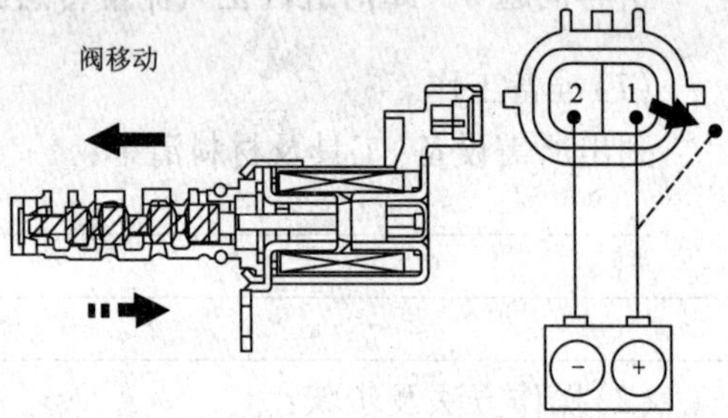

图 13-7　通电测试正时机油控制阀

③测量机油控制阀与 ECU 之间的连接导线电阻。

标准值:________

检测结果:________

结论:________

(4)更换正时机油控制阀。

①________

②________

③________

④________

(5)发动机故障指示灯的点亮与机油正时阀的关系:

____

____

____

小知识:VVT-i 简介

VVT-i (Variable Valve Timing with intelligence)即"智能可变配气正时系统"。与固定配气正时相比,可变配气正时可以在发动机整个工作范围内的转速和负荷下,提供最佳的进、排气门开启、关闭时刻,从而较好地满足发动机各工况下的动力性、经济性、废气排放的要求。

VVT-i 系统主要由曲轴位置传感器、空气流量计、节气门位置传感器、凸轮轴位置传感器、水温传感器、车速传感器、ECU、进气凸轮轴正时机油控制阀、排气凸轮轴正时机油控制阀和进排气 VVT－i 控制器等组成。

引导问题 8 如何进行节气门清洗？

(1)准备工作。

列出所需设备、工具及材料清单：

______

______

______

(2) 操作方法及步骤。

①______

②______

③______

④______

⑤______

⑥______

⑦______

(3)清洗节气门需要注意的事项有：______

______

______

(4)节气门脏污对发动机功能性能有什么样的影响？

______

______

______

(5)节气门脏污是否会导致发动机警告灯点亮？

______

______

______

四、评价与反馈

1. 小组成果展示

简述本小组收获与体会。

(1)______

______

(2)______

______

(3)______

你对其他小组的建议。

(1)____________________

____

(2)____________________

____

2. 评分(表 13-1)

评 分 表 表 13-1

考核项目	评分标准	分数	学生自评	小组互评	教师评价	小计
团队合作	是否和谐	5				
活动参与	是否积极主动	5				
安全生产	有无安全隐患	10				
现场 5S	是否做到	10				
任务方案	是否正确、合理	15				
操作过程	是否规范	30				
任务完成情况	是否顺利完成	5				
工具、设备使用	是否正确、合理	10				
劳动纪律	是否能严格遵守	5				
工单填写	是否完整规范	5				
总分		100				
教师签字:			年 月 日		得分	

注意:违反操作规程,出现人身伤害或设备严重事故,本任务考核 0 分。

五、拓展训练

(1)总结归纳丰田威驰、东风雪铁龙爱丽舍电控系统特点。

____

____

____

(2)如何检测进气压力传感器?

____

____

____

学习任务14　发动机不能启动故障的诊断与排除

工作情境描述

一辆捷达(CIF)乘用车,行驶里程60000km,将点火开关转至启动挡时,车辆不能正常启动,服务顾问将该车交付给你,要求你排除该车故障,提交一份分析报告并归档。

学习目标

通过本学习任务的学习,你应当能:

1. 辨别发动机不能启动的故障现象;
2. 理解捷达发动机启动系、点火系、燃油和空气供给、配气机构的结构与特点;
3. 掌握发动机正常工作的条件;
4. 分析发动机不能启动故障现象、原因,诊断步骤、方法,正确进行故障部位检查;
5. 正确使用蓄电池测试仪、汽缸压力表、大众专用诊断仪1552、喷油器清洗检查仪;
6. 阅读大众汽车维修手册;
7. 根据维修手册进行喷油器检查、正时皮带更换、燃油泵更换和汽缸压缩压力测量;
8. 向客户解释故障判断及处理结果。

学习脉络

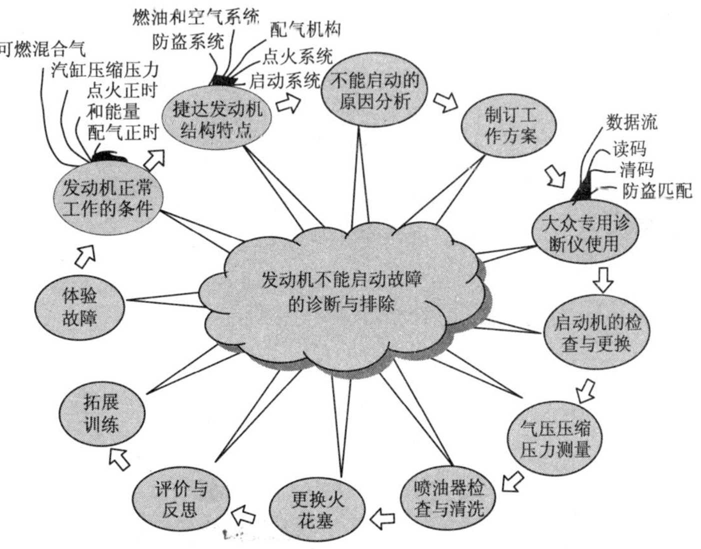

建议学习时间:20h

引导问题

引导问题1　您体验到的教学车辆的故障现象是怎样的?

故障现象体验记录:____

____

____

引导问题2　捷达轿车发动机启动系统有何结构特点?

(1)图14-1a)所示为捷达轿车使用的启动机,说出图14-1b)所示中各个接线柱端子所指示的名称。

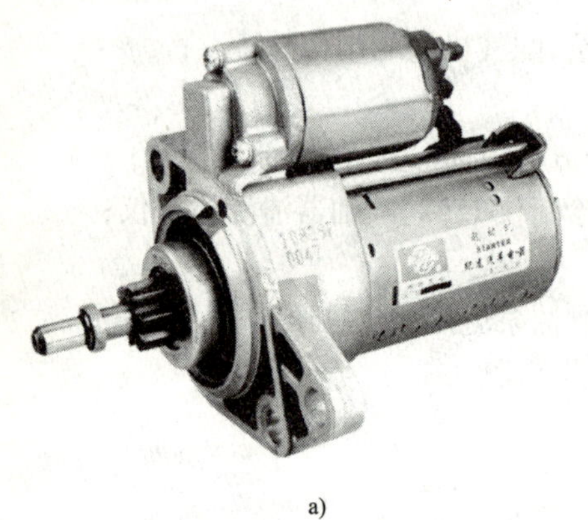

a)

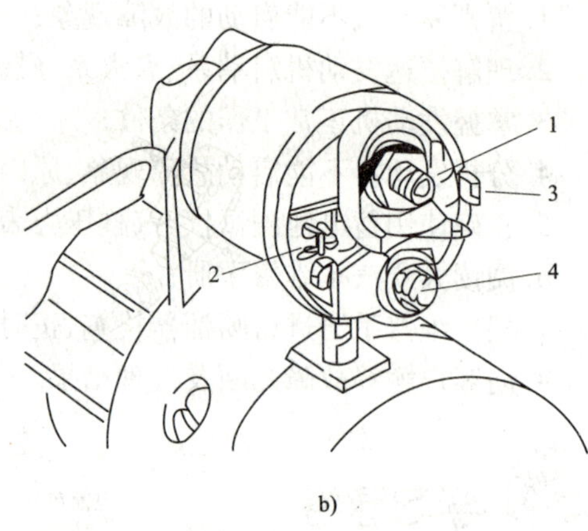

b)

图14-1　捷达轿车启所使用的起动机

a)捷达轿车启动机外形图;b)捷达轿车启动机接线柱

1-________;2-端子15a;3-________;4-________

(2) 捷达轿车使用的是______kW、额定电压为______V的启动机。

(3)捷达轿车使用的起动机,其结构形式为________________,其优点有____________

____。

(4)画出捷达轿车启动机工作时,其启动系统控制原理图。

引导问题3　捷达轿车发动机点火系统有何结构特点?

(1)图 14-2 所示为捷达轿车点火系统组成部件,根据图 14-2 所示说出捷达发动机点火系统主要组成部件及其作用,填于表 14-1 中。

点火系统组成　　表 14-1

图注编号	名称	作用	安装位置
1			
			发动机汽缸内
		将低压电变成高压电	
	霍尔传感器		

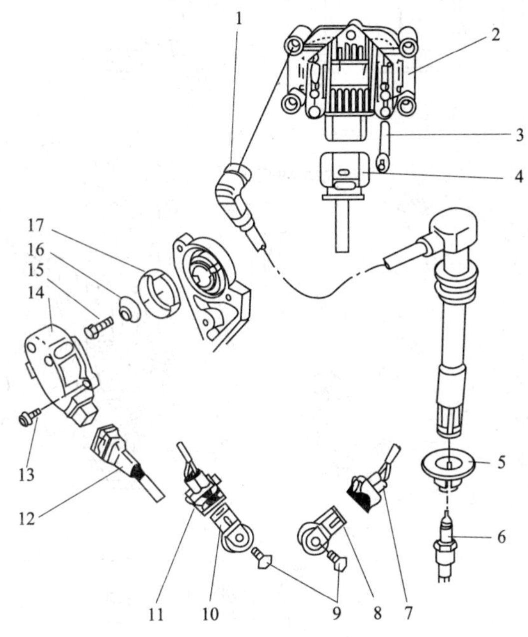

图 14-2　捷达轿车点火系统组成部件

(2)捷达两阀电喷系列轿车发动机采用的是________________点火系统,其优点为________________________________。

(3)捷达两阀电喷系列轿车发动机,在点火线圈上标示有 A、B、C、D,与发动机各缸的对应关系为:

A-________;B-________;C-________;D-________。

(4)为使电子控制部件功能完好,要求必须至少有________V 的电压供给。

(5)根据图 14-2 所示,画出点火系统工作时的工作原理图。

引导问题 4　捷达轿车发动机燃油供给和空气供给装置有何结构特点?

(1)根据图 14-3 说出捷达发动机燃油供给系统主要组成部件,并说明其主要作用以及部件所处的位置。

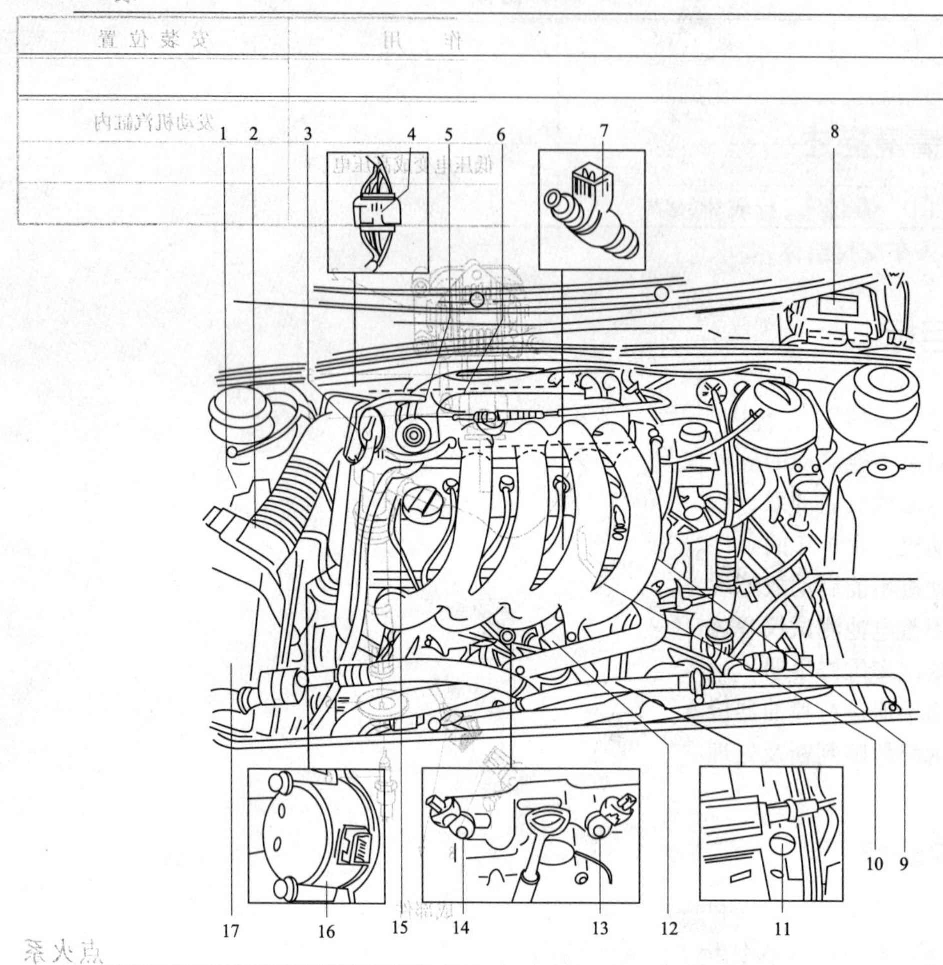

图 14-3　捷达轿车燃油供给系统

(2)根据图 14-3,完成表 14-2 中关于燃油供给系统的描述。

燃油供给系统的描述　　表 14-2

图注编号	名　称	作　用	安装位置
1	活性炭罐电磁阀		
2			空气滤清器后端
		将燃油喷射到发动机汽缸内	
5			
	燃油压力调节器		
			风窗玻璃导水槽下方
17			

(3)捷达轿车燃油供给系统中采用的是________燃油泵,位于________,其目的是____。

(4)在捷达发动机的燃油滤清器上标注有箭头,其作用是________________________。

(5)捷达发动机燃油分配管的材质为__________,具有__________________的作用。同时,燃油分配管也较粗,其作用是____。

(6)捷达两阀电喷发动机采用的是__________喷油器,由________________________控制其打开或关闭,喷油量的大小由________________________决定。

(7)在捷达两阀电喷型轿车燃油箱内的汽油蒸气不是直接排入大气中的,描述在捷达轿车为解决此问题上采用的措施。

____

____

____

(8)根据图 14-3 所示,描述燃油供给系统工作时,燃油的流经线路。

____

____

____

引导问题 5 捷达轿车发动机配气机构有何结构特点?

(1)图 14-4 为捷达轿车发动机配气机构,采用的__________配气机构,其气门组包括____________________,气门传动组包括____。

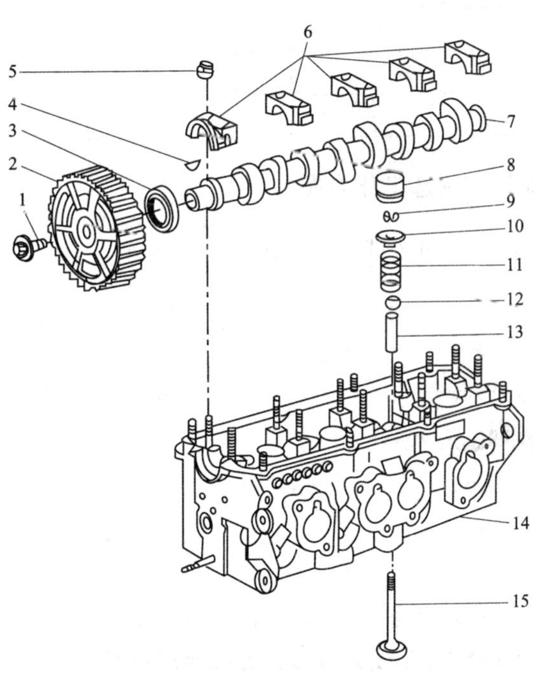

图 14-4 捷达轿车发动机配气机构

(2)画出捷达发动机配气正时的安装记号位置。

引导问题6　捷达轿车能够正常启动的工作条件是什么?

(1)__________
(2)__________
(3)__________
(4)汽车钥匙经过正常匹配;
(5)__________
(6)__________

二、方案制订与优选

引导问题7　哪些原因导致发动机不能正常启动?

发动机不能启动主要原因有:
(1)__________
(2)__________
(3)__________
(4)__________
(5)__________
(6)__________

引导问题8　如何制订与优选工作方案?

根据以上分析,请制订发动机不能启动故障的诊断方案。
方案:__________

三、方案实施与控制

小提示

以下任务实施要点仅是对任务实施过程中重要环节的操作提示,非任务实施流程,请根据自己制订的方案进行操作,并对下面的操作提示进行排序。

引导问题9　如何判断蓄电池工作状态正常?

(1)准备工作。

①列出所需设备、工具及材料清单:

____

____

____

②车辆作业准备:

检查举升机　□ 任务完成

车辆开进工位　□ 任务完成

停车,打开发动机罩　□ 任务完成

铺上护套　□ 任务完成

确定顶车位置　□ 任务完成

稍微举升车辆　□ 任务完成

检查车辆是否平稳　□ 任务完成

(2)操作方法及步骤。

①直观检测法:

对 MF 蓄电池,可以用蓄电池直观方法检测,如图14-5所示。

a. ____

____

b. ____

____

②静止(开路)电动势测试:

____

____

③用高率放电计测试:

高率放电计如图14-6所示。

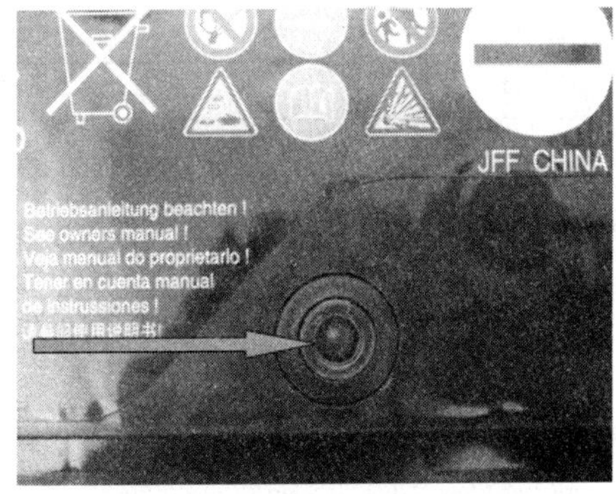

图14-5　蓄电池工作状态直观检测

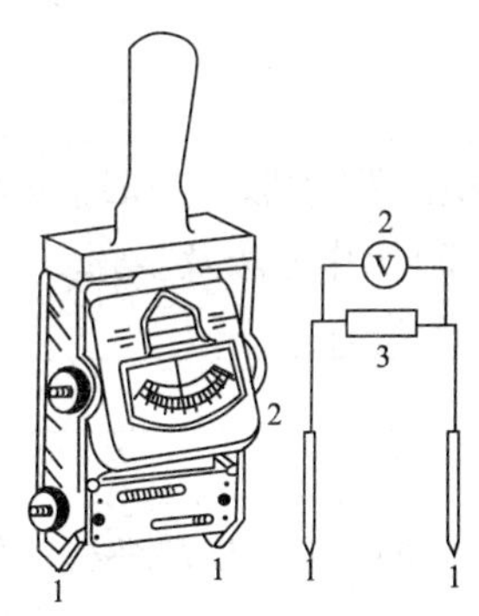

图14-6　高率放电计

a. ____________________

b. ____________________

c. ____________________

(3)检查结果:蓄电池工作状况是否正常?□是　□否

(4)试比较上述三种检测方法的优点和缺点。

优点:____________________

____

缺点:____________________

____

引导问题10　如何判断启动机的工作状态是否正常?

(1)准备工作。

列出所需设备、工具及材料清单:

____

____

____

(2)操作方法及步骤。

检测启动机工作性能如图14-7所示。

①____________________

②____________________

③____________________

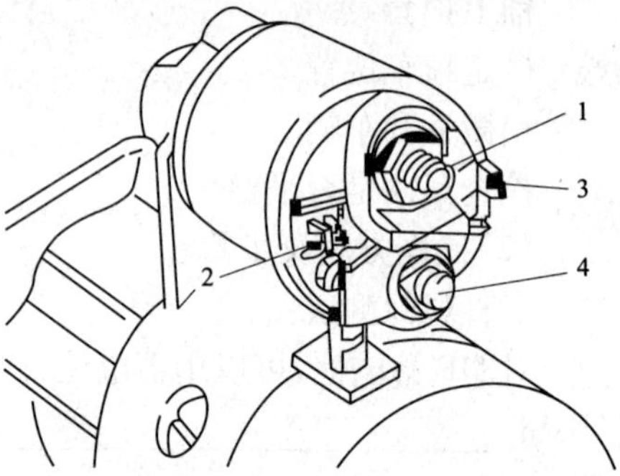

图14-7　启动机的检测

(3)检测结果:启动机工作状况是否正常?□是　□否

启动系统线路工作是否正常?□是□否

引导问题11　如何检测发动机汽缸压缩压力?

(1)准备工作。

列出所需设备、工具及材料清单:

____

____

____

检测发动机汽缸压缩压力的条件是:____________________

(2)操作方法及步骤。

①____________________。

②____________________,如图14-8所示。

③用____________,卸下4个火花塞。

④将汽缸压力表插入火花塞孔中,如图14-9所示,____________________

____________________。

⑤____________________。火花塞拧紧力矩为______N·m。

⑥重新将高压导线接至火花塞。

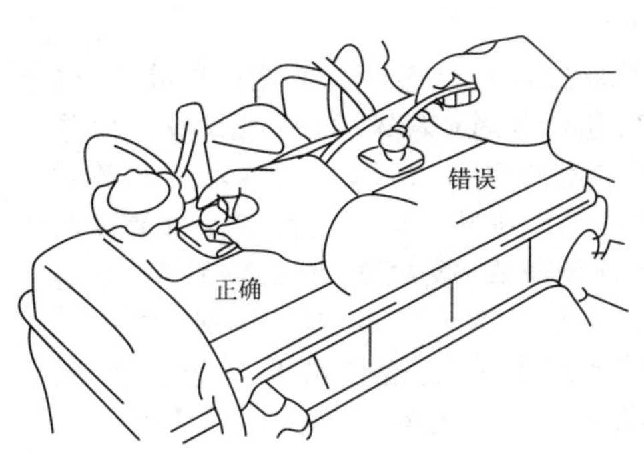

图14-8　拆卸高压导线

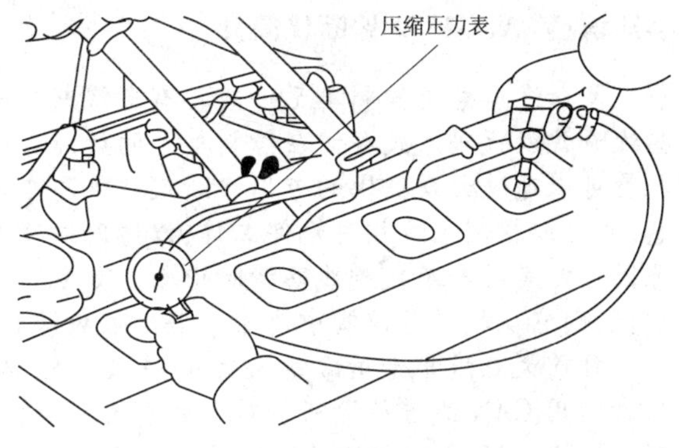

图14-9　检查汽缸压缩压力

(3)汽缸压力值。

①新发动机,汽缸压力值为________kPa。

②压力极限值为________kPa。

③各缸之间压力最大值为________kPa。

你所检测到的汽缸压力为________kPa。

你所检测到的汽缸压缩压力值是否正常?□是　□否

(4)在拆高压导线时需要注意的事项有:

____

____

____

引导问题12　如何用V.A.G1552检查喷油器?

(1)准备工作。

列出所需设备、工具及材料清单:

____

____

____

图14-10　V.A.G1552诊断仪

用V.A.G1552诊断仪(图14-10)检测发动机喷油器工作状况的条件是:____

____

(2)操作方法及步骤。

①连接故障阅读仪V.A.G1552;

②____;

③____;

④____;

⑤____。

你所检测到的喷油器工作状况是否良好？□是 □否

小知识：V. A. G1552 诊断仪简介

大众汽车电子控制单元一般具有自诊断功能，如果被监控的传感器或部件出现故障，这些故障就以代码形式存储在控制单元的故障存储器中，包括暂时（偶然）出现的故障。维修人员可以通过大众提供的专用诊断仪建立与车载控制单元的联系，读取控制单元的相关信息，并可以控制系统相关元件工作，以协助维修人员顺利完成维修工作。发生偶然性故障的原因可能是接触不良或线路瞬时中断。如果一个偶然性故障在35次发动机启动当中不再出现，则它从故障存储器中消除。偶然性故障在诊断仪屏幕上显示"/sp"以作区别。

目前大众汽车专用诊断仪有V. A. G1552、V. A. S505X系列，前者使用K线进行诊断，后者使用CAN线进行诊断。对于装有CAN的车辆，前者仅能作发动机及变速器系统的诊断。V. A. G1552的常见功能代码及含义如下：

01	查询控制单元型号	07	控制单元编码
02	查询故障代码	08	读取测量数据块
03	执行元件诊断	09	读取单个测量数据
04	基本调整	10	自适应
05	清除故障代码	11	密码输入
06	结束输出		

引导问题13　如何清洗喷油器？

（1）准备工作。

列出所需设备、工具及材料清单：

______

______

______

（2）操作方法及步骤。

图14-11所示为喷油器超声波清洗检查仪，请按使用说明书要求进行操作，列出操作步骤及要点。

①______

②______

③______

④______

⑤______

（3）用超声波清洗仪清洗喷油器时的注意事项有：______

______

______

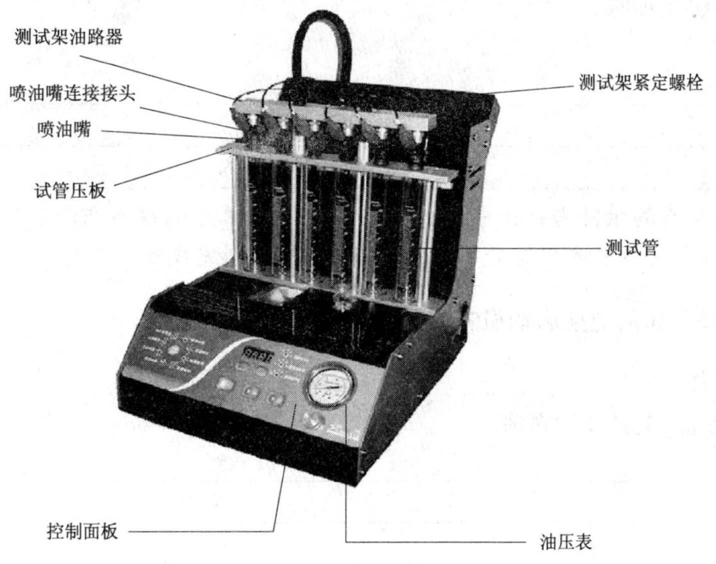

图14-11　超声波清洗仪

小知识:喷油器清洗

喷油器是电控燃油喷射系统中关键的组成部分。一般质量较差的汽油容易在喷油器出口处黏结各种胶脂、积炭等杂物,使喷油器的喷油量减少,雾化变差,以致汽车怠速状况和加速性能变差,发动机启动困难。喷油器是一次性使用件,只允许清洗而不能拆开修理。可以运用检测手段去判断哪一个喷油器发生了故障及其故障原因和部位,以决定是清洗或是更换。

目前对喷油器的清洗常用如下三种方法:

(1)将清洗剂放入汽车油箱中,就车运行200~400km,就能获得满意的结果。

(2)从车上拆下喷油器的供油管路和回油管路,将其接到外接清洗泵、过滤器、储液室和压力表的清洗系统中,将车上的供油管和回油管相连。清洗液与汽油相混装入储液室中,启动发动机,这样就达到了清洗喷油器的目的。

(3)超声波清洗法是把喷油器从发动机上拆下后装在超声波清洗箱上清洗,其优点是清洗质量高,还可以把喷油器装到喷油器试验台上进行喷油量、泄漏量和喷射雾化状况的测试;缺点是设备昂贵。

引导问题14　如何更换火花塞?

(1)准备工作。

列出所需设备、工具及材料清单:

(2)操作方法及步骤。

①拆下火花塞;

②______________________________;

③______________________________;

④______________________________。

(3)更换火花塞的条件为:______________________________

____

引导问题 15　如何更换启动机?

(1)准备工作。

列出所需设备、工具及材料清单:

____

____

____

(2) 操作方法及步骤。

①______________________________;

②拆卸启动机电缆;

③拆卸启动机电缆定位螺母;

④______________________________;

⑤______________________________

______________________________,如图 14-12 所示;

⑥拆下启动机安装螺栓,然后滑动启动机将其拆下,如图 14-13 所示。

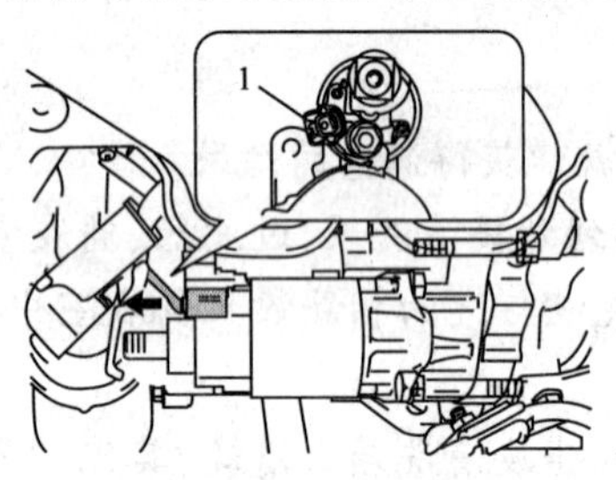

图 14-12　断开连接器

1-连接器

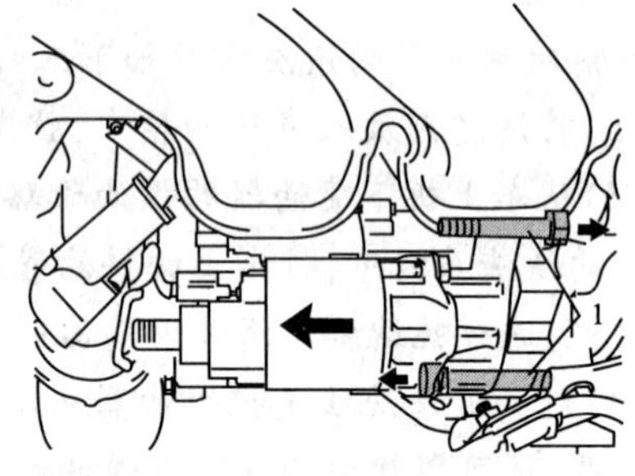

图 14-13　拆下启动机

引导问题 16　如何更换燃油泵?

(1)准备工作。

列出所需设备、工具及材料清单:

____

____

____

(2)操作方法及步骤。

①____

____(图 14-14)；

②拆下油箱盖；

③从油箱口处拔下______和密封圈的连接凸缘；

④向______拧，从插入式座上松开燃油泵，并从邮箱上取下燃油泵。

图 14-14　拆卸燃油泵

四、评价与反馈

1. 小组成果展示

简述本小组收获与体会。

(1)____

____

(2)____

____

(3)____

____

你对其他小组的建议。

(1)____

____

(2)____

____

2. 评分(表 14-3)

评　分　表　　　　表 14-3

考核项目	评分标准	分数	学生自评	小组互评	教师评价	小计
团队合作	是否和谐	5				
活动参与	是否积极主动	5				
安全生产	有无安全隐患	10				
现场 5S	是否做到	10				
任务方案	是否正确、合理	15				
操作过程	是否规范	30				
任务完成情况	是否顺利完成	5				
工具、设备使用	是否正确合理	10				
劳动纪律	是否良好	5				
工作页填写	是否完整、规范	5				
总分		100				
教师签字：			年　月　日		得分	

注意：违反操作规程，出现人身伤害或设备严重事故，本任务考核 0 分。

五、拓展训练

(1)分析爱丽舍汽车、宝马 740L 发动机不能启动的原因。

(2)分析怠速不良、加速无力故障的原因。

(3)大众 505X 系列的诊断仪主要有几种？基本操作要点有哪些？

学习任务15　汽车整车简单运行故障的诊断与排除

 工作情境描述

一辆可能存在2~3个简单运行故障的车辆，服务顾问将该车交付给你，请你进行深入诊断确定故障部位并排除，并提交一份技术报告。

 学习目标

通过本学习任务的学习，你应当能：

1. 辨别故障现象发生的系统；
2. 分析故障产生的原因，制订诊断检查计划，正确进行故障部位检查；
3. 根据维修手册正确排除故障；
4. 向客户解释故障判断及处理结果；
5. 把本次诊断与排除的故障编写成案例或技术公报。

 学习脉络

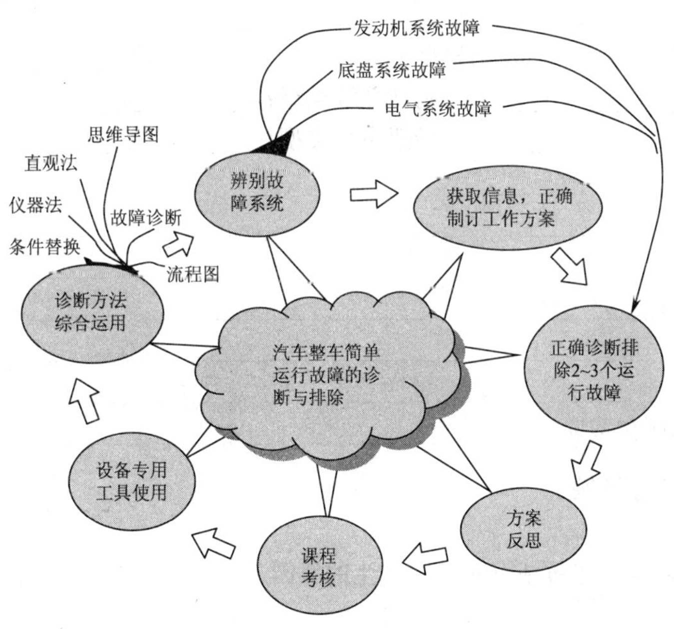

建议学习时间:18h

引导问题

一、任务准备

引导问题 1　您体验到的教学车辆的故障现象是怎样的?

故障现象体验记录:______________________________

____

____

引导问题 2　汽车的常见故障有哪些?用思维导图法画出。

引导问题 3　如何获取故障车辆的基本信息?

车辆 VIN:______________________________

车辆生产日期:________　发动机型号:__________　排量:__________

变速器类型:______________　制动系统类型:______________

转向系统类型:______________　悬架系统类型:______________

行驶里程数:______________

维修记录:______________________________

____

故障发生条件:______________________________

____

____

初步推断故障所在系统:______________________________

二、方案制订与优选

引导问题 4　根据初步推断分析故障产生的原因。

____

引导问题5　如何制订与优选工作方案?

(1)根据故障诊断的“先易后难,由表及里”原则,进行方案初步设计。

(2)根据工具、设备和备用件等条件,充分考虑时间和经济性,进行方案优化设计。

三、方案实施与控制

引导问题6　在完成本次任务中需要准备哪些工具、设备?

引导问题7　如何判定故障是在机械系统还是电气系统?

引导问题8　本次作业的注意事项有哪些?

引导问题9　作业过程记录。

四、评价与反馈

1. 小组成果展示

简述本小组收获与体会。

(1)______

(2)______

(3)______

方案反思:______

你对其他小组的建议。

(1)______

(2)______

2. 评分(表15-1)

评分表 表15-1

考核项目	评分标准	分数	学生自评	小组互评	教师评价	小计
团队合作	是否和谐	5				
活动参与	是否积极主动	5				
安全生产	有无安全隐患	10				
现场5S	是否做到	10				
任务方案	是否正确、合理	15				
操作过程	是否规范	30				
任务完成情况	是否顺利完成	5				
工具、设备使用	是否正确、合理	10				
劳动纪律	是否良好	5				
工作页填写	是否完整、规范	5				
总分		100				
教师签字:			年 月 日		得分	

注意:违反操作流程,出现人身伤害或设备严重事故,本任务考核0分。

参考文献

[1] 陈家瑞.汽车构造[M].北京:人民交通出版社,2006.
[2] 周林福.汽车底盘构造与维修[M].北京:人民交通出版社,2005.
[3] 秦兴顺.汽车使用与维修[M].北京:人民交通出版社,2009.
[4] 郭远辉.汽车车身电器及附属电器设备检修[M].北京:人民交通出版社,2005.
[5] 周建平.汽车电器设备构造与维修[M].北京:人民交通出版社,2005.
[6] 汤定国.汽车发动机构造与维修[M].北京:人民交通出版社,2005.
[7] 李春明.汽车电器设备与维修[M].北京:高等教育出版社,2007.
[8] 汤姆·登顿.汽车故障诊断先进技术[M].张云文,译.北京:机械工业出版社,2009.
[9] 解福泉.汽车典型电控系统构造与维修[M].北京:人民交通出版社,2005.
[10] 尹万建.汽车电器设备原理与检修[M].北京:高等教育出版社,2008.
[11] 蔡兴旺,付晓光.汽车构造与原理实训[M].北京:机械工业出版社,2008.
[12] 陈文华.汽车发动机构造与维修[M].北京:人民交通出版社,2001.
[13] 吴际璋.当代汽车电控系统结构原理与检修[M].北京:人民交通出版社,2009.
[14] 胡光辉.汽车故障诊断技术[M].北京:电子工业出版社,2008.
[15] 许智宏.别克凯越轿车维修手册[M].北京:机械工业出版社,2004.
[16] 李春明.捷达/捷达王轿车电气系统使用与维修[M].北京:北京理工大学出版社,2002.
[17] 陈峰,步渊.东风雪铁龙爱丽舍轿车维修手册[M].北京:人民交通出版社,2003.
[18] 戴胡斌.丰田系列轿车维修一本通[M].南京:江苏科学技术出版社,2007.
[19] 尹力会.一汽花冠轿车维修手册[M].沈阳:辽宁科学技术出版社,2005.
[20] 张春英.一汽威驰使用与故障分析[M].北京:高等教育出版社,2008.
[21] 陈育彬.新款轿车防盗系统检修、遥控设定与保养灯归零手册[M].北京:机械工业出版社,2006.
[22] 朱建风,李国忠.常见车系 CAN-BUS 原理与检修[M].北京:机械工业出版社,2006.
[23] 李春明,双亚平.汽车电路读图[M].北京:北京理工大学出版社,2006.
[24] 朱军.汽车故障诊断方法[M].北京:人民交通出版社,2008.
[25] 谭本忠.汽车故障排解思路与实例[M].北京:机械工业出版社,2008.
[26] 胡建军.思维与汽车维修[M].北京:机械工业出版社,2006.
[27] 燕来荣.汽车充电系统及其故障诊断[J].城市车辆,2009,4.